**부동산 경매
이 정도는 알고
입찰하자**

부동산 경매 이 정도는 알고 입찰하자

발행일 2017년 11월 17일

지은이 박 찬 계
펴낸이 손 형 국
펴낸곳 (주)북랩
편집인 선일영　　　　　　**편집** 이종무, 권혁신, 오경진, 최예은
디자인 이현수, 김민하, 한수희, 김윤주　　**제작** 박기성, 황동현, 구성우
마케팅 김회란, 박진관, 김한결
출판등록 2004. 12. 1(제2012-000051호)
주소 서울시 금천구 가산디지털 1로 168, 우림라이온스밸리 B동 B113, 114호
홈페이지 www.book.co.kr
전화번호 (02)2026-5777　　　　　**팩스** (02)2026-5747

ISBN 979-11-5987-755-1 03320 (종이책)　　979-11-5987-756-8 05320 (전자책)

부동산 경매
이 정도는 알고
입찰하자

박찬계 지음

초보자가 빠지기 쉬운 경매의 함정 완벽 대비법

북랩 book Lab

들 / 어 / 가 / 며

우리가 부동산 경매에 참여하는 목적은 무엇일까요?

'시세보다 싸게 사는 것'입니다.

매각 대상 부동산의 최저매각가격이 시장거래가격과 비슷하거나 그보다 비싸면 굳이 경매에 참여할 필요가 없습니다. 주택, 상가 그리고 토지 등의 부동산을 '시세보다 싸게' 살 수 있기 때문에 경매 시장에는 경쟁이 있습니다. 어떤 때는 매우 치열하기까지 합니다.

이 책은 이러한 경쟁에서 이기는 방법이나 보다 저렴한 가격에 부동산을 매수하여 더 나은 수익을 얻는 방법을 설명하기 위해 쓴 글이 아닙니다.

입찰 경쟁에서 지거나 시세보다 싸기는 하지만 그다지 많은 수익을 얻지 못한 경우에는 심리적 피로감 또는 불만족을 느낄 뿐인데 반해, 경매 과정에서 입찰자 본인의 무지나 부주의, 이해관계인의 고의 또는 과실로 인한 손해는 매우 심각한 경우가 많습니다. 이러한 피해를 예방하는 것이 이 책의 목적입니다. 따라서 매수 보증금의 회수 불능, 소멸된 권리의 존속에 따른 채무인수, 소유권 이전 등기 무효 등으로 인한 금전적 손해를 어떻게 방지할지에 대해 다뤘습니다.

경매에서 부동산 매수를 희망하는 사람이 입찰 준비에서부터 소유권이전 등기 이후까지, 이 정도는 알고 경매절차에 참여하기를 바랍니다. 이를 통해 불측의 손해를 예방할 수 있기 때문입니다.

부동산 경매는 채권자의 신청에 따라 국가기관인 법원이 채무자의 부동산을 압류하여 매각한 후 그 매각대금으로 채권자의 채권에 충당하는 강제집행 절차입니다.

부동산 경매의 사법상 효력은 개인이나 법인이 주체가 되어 이루어지는 매매와 유사합니다. 그러나 매매는 당사자 간 의사 합치에 의하여 계약이 체결되는 것인 반면, 경매는 매도인의 지위에 있는 채무자의 의사와 무관하게 국가기관인 법원에 의하여 실행되고 소유권이 이전되는 특수성이 있습니다.

따라서 법원은 경매절차에 관여하는 채권자와 채무자, 매수인 등의 이해를 합리적으로 조정하고, 한편으로는 경매절차의 안정도 도모할 필요가 있습니다.

매수 희망자는 알고 있는 법률지식이나 상식만 가지고 경매절차에 참여하였다가 예기치 못한 손해를 보는 경우가 발생하는데 이는 전적으로 매수 희망자 또는 매수인 본인 책임으로 귀결됩니다.

부동산 경매는 전문 자격사나 경매컨설팅 업체에 의뢰하는 경우를 제외하고는 당사자 간 직접거래와 같다고 볼 수 있습니다. 모든 책임을 매수 희망자 또는 매수인이 부담하는 것입니다.

공인중개사의 알선에 의해 부동산을 매매할 경우, 당사자는 그에게 가격협상이나 하자 발견, 권리분석 등을 요구하고 매매 완료 후 하자를 발견하거나 권리분석 등에 문제가 발생하면 이를 제대로 확인·설명하지 않았다는 이유로 손해배상을 청구할 수 있습니다.

물론 부동산 경매에서도 집행법원의 고의나 과실, 경매담당 공무원의 중대한 과실로 매수 희망자 또는 매수인이 손해를 입은 경우에는 국가와 담당 공무원이 책임을 지는 것은 당연합니다.

이 책을 읽으면서 부동산 경매와 관련한 민법, 부동산등기법, 민사집행법 등 기타 관련 법률규정을 자연스럽게 습득할 수 있기를 바랍니다.

2017년 11월
법무사 박찬계

차 / 례

들어가며 · **04**

제1장 경매 용어와 부동산 경매의 분류

경매 용어 · **12**

부동산 경매의 구분 · **16**

제2장 경매의 진행 절차

부동산 경매의 진행 절차 · **20**

법원의 경매사건 진행 절차 · **23**

제3장 입찰·매각·불복

상황 1 입찰 보증금이 20원 부족해요 · **28**

상황 2 입찰가에 '0'을 더 써 버렸어요 · **33**

상황 3 재매각 시 매수신청 보증금 반환이 가능할까요? · **38**

상황 4 건물 용도를 잘못 알고 입찰했어요 · **44**

상황 5 최고가 매수신고인이 입찰표를 수정했어요 · **53**

상황 6 근저당권이 소멸되어 임차보증금을 인수하게 됐어요 · **57**

상황 7 채무자 겸 공유자가 공유자 우선매수 신청을 했어요 · **62**

제4장 집합건물

상황1 대지지분이 이전되어 있지 않은 아파트를 매수했어요 · **72**

상황2 집합건물의 대지 공유지분만을 매수했어요 · **80**

상황3 구조상·이용상 독립성이 없는 구분건물을 매수했어요 · **86**

제5장 지상권

상황1 경매 당시 완공단계인 토지 위 신축건물의 건축주에게

법정지상권이 인정되나요? · **96**

상황2 건물 소유권 이전등기가 말소됐는데 관습상 법정지상권은

유지되나요? · **105**

제6장 유치권

상황1 경매등기 후 유치권을 취득한 자에게 부동산 인도청구를

할 수 있나요? · **110**

상황2 경매등기 전에 가압류된 부동산의 유치권자에게 부동산 인도청구를

할 수 있나요? · **119**

상황3 정지된 유치권에 의한 경매의 유치권자에게 부동산 인도청구를

할 수 있나요? · **125**

상황4 근저당권 설정 등기 후 상사유치권을 취득한 자에게

부동산 인도청구를 할 수 있나요? · **132**

제7장 임차권

상황 1 전세권과 임차권을 겸유하면서 배당받은 자에게

부동산 인도청구를 할 수 있나요? • **138**

상황 2 소유자가 채무를 변제하고 근저당권을 말소한 사실을

알려주지 않아 손해를 입었어요 • **147**

제8장 기타 권리관계

상황 1 근저당권 소멸 사실을 모르고 개시결정된 경매에서

매각 대금을 지급했어요 • **156**

상황 2 원인 없이 말소된 가압류등기의 회복에 매수인은

승낙하여야 하나요? • **163**

상황 3 명의신탁으로 매수인과 매각대금을 지급한 사람이 달라요 • **171**

상황 4 상속부동산에 대한 경매에서 가압류권자는

직접 배당받을 수 있나요? • **179**

상황 5 '부동산 인도'와 '부동산 명도'의 차이는 무엇인가요? • **184**

부록 부동산 등에 대한 경매절차 처리지침 • **191**

제 1 장

경매 용어와
부동산 경매의 분류

경매 용어

우리나라 입법자는, 특정 전문분야를 규율하는 법률에서는 그 법률에서 사용되는 용어를 정의하는 조항을 두고 있습니다.

예컨대, 문화산업진흥기본법은 "제2조(정의) 이 법에서 사용하는 용어의 뜻은 다음과 같다. 1. '문화산업'이란 문화상품의 기획·개발·제작·생산·유통·소비 등과 이에 관련된 서비스를 하는 산업을 말한다"라고 특정 용어를 정의하고 있습니다.

그러나 민사와 형사, 그리고 상사에 관한 실체법이나 절차법에서는 국민 누구나 당연히 교육과정이나 실무를 통해서 익혔으리라 판단했는지 그 법률에서 사용되는 특정 용어에 대해 정의하는 조항을 두지 않았습니다. 따라서 부동산 경매절차를 규율하는 민사집행법에도 경매 관련 용어를 정의해 두지 않았습니다.

평소 경매실무를 하면서 시중에 출판된 다수의 경매관련 서적과 부동산 등의 강제집행 절차 등을 규정한 민사집행법에 사용되는 용어 일부가 서로 다른 것을 발견하였습니다.

예컨대, 현행 민사집행법[1]은 경매절차에서 강제집행 대상물이

---

1) 종래 민사소송법에 편제되어 있던 민사집행 부분을 분리하여 2002년 1월 26일에 제정되었으며 같

특정인에게 팔릴 예정이라거나 팔렸다는 것을 '매각'이라고 표현하고 있는데, 다수의 출판물은 이를 '낙찰'이라고 하고 있습니다.

그런데 민사집행법이 제정되기 전의 민사소송법에서는 현행 '매각'으로 사용되는 상황을 '경락'이라고 표현하였고 '낙찰'이라고는 표현하지 않았습니다. 그렇다면 '낙찰'이라는 용어는 어디에서 유래하였을까 생각해보았습니다. 폐지된 경매관련 민사소송법의 조문을 검색해 보아도 '낙찰'이라는 용어는 보이지 않았습니다.

생각건대, 건축공사 입찰, 정부 조달물품 입찰 등에서 '낙찰'이라는 용어가 사용되다가 널리 통용되지 않았나 싶습니다.

이 영향으로 현행 민사집행법에는 매각, 매수인, 매각기일, 매각대금 등으로 되어 있는데 반해, 다수의 출판물은 낙찰, 낙찰자, 낙찰기일, 낙찰대금이라고 표현하고 있습니다. 다만, 경매절차에 매수 희망자로 참여하는 것을 '입찰'이라고 하는데 이 용어는 현행 민사집행법에서도 그대로 사용되고 있습니다.[2]

대법원 판례는 어떤지 검색을 해보았더니, 판례 역시 '낙찰, 경락'이라는 용어와 '매각'이라는 용어를 혼용하고 있음을 발견하였습니다. 그러면서도 점차 현행 민사집행법에서 규정한 용어를 사용하는 추세임을 알 수 있었습니다.

이에, 경매 초보자가 출판물이나 실무에서 종종 사용되는 용어와 법률상 용어가 달라 혼란을 겪을 수 있다고 판단했습니다. 아래

은 해 7월 1일에 시행되었다(이하 '민사집행법'은 '민집'으로, '민사집행규칙'은 '민집규'로 표기한다).
2) 부동산의 매각은 매각기일에 하는 호가경매, 매각기일에 입찰 및 개찰하게 하는 기일입찰 또는 입찰기간 이내에 입찰하게 하여 매각기일에 개찰하는 기간입찰의 세 가지 방법으로 한다(민집 103조 2항).

는 출판물이나 실무 혹은 민사집행법 제정 전에 사용되었던 강제집행 용어와 현행 민사집행법에서 사용하는 용어[3]를 정리한 것입니다.

출판물 및 실무, 민사집행법 제정 전의 용어	민사집행법상의 용어
채무명의	집행권원
입찰절차	매각절차
입찰물건 명세서	매각물건명세서
경매, 입찰 목적물	매각 부동산
입찰기일, 경매기일	매각기일
경매장소	매각장소
일괄 입찰	일괄 매각
입찰 희망자	매수 희망자
입찰 보증금	매수 보증금
최고가 입찰자	최고가 매수신고인
차순위 입찰자	차순위 매수신고인
낙찰, 경락	매각
낙찰자, 경락자	매수인
낙찰대금, 경락대금	매각대금
최저경매가격	최저매각가격
입찰기일, 경매기일	매각기일

---

3) 민사집행법등의 제·개정에 따른 재판예규(강제집행 및 임의경매편)의 정비에 관한 예규(재민2002-2) 개정 2005. 12. 28. [재판예규 제1030호, 시행 2006. 1. 1.] 참조. 이 책은 가급적 민사집행법상의 경매용어로 서술하는 것을 원칙으로 하지만 문맥과 이해의 편의상 관행적으로 사용되는 경매용어도 같이 사용하여 서술하기로 한다.

낙찰기일, 경락기일	매각결정기일
경매 물건명세서	매각 물건명세서
낙찰허가, 경락허가	매각허가
경락대금을 완납할 때까지	매각대금이 모두 지급될 때까지
신경매	새매각
재경매	재매각

부동산 경매의 구분

(1) 강제경매와 임의경매

부동산 경매는 '강제경매'와 '임의경매'로 나누어집니다.

강제경매는 판결 등과 같은 집행권원에 터 잡아 채무자의 재산에 대한 일반 책임(인적 책임)의 실현을 구하는 경매이고, 임의경매는 특정 담보물에 대한 특정 책임(물적 책임)의 실현을 구하는 저당권, 전세권 등에 의한 담보권 실행을 위한 경매와 민법과 상법 그 밖의 법률의 규정에 의하여 재산의 보관·청산·가격보존 등을 목적으로 하는 경매입니다.

그런데 경매 실무에서는 강제경매와 구분하여, 담보권 실현을 위한 경매를 통상적으로 임의경매라고 합니다. 두 가지 모두 채권자의 채권 만족을 위하여 국가가 부동산을 강제적으로 매각하는 것이라는 공통점이 있습니다.

강제경매와 담보권 실현을 위한 경매는 채권자가 자기 채권의 만족을 위해 실행한다는 의미에서 '실질적 경매'라 하고, 유치권에 의한 경매와 공유물 분할을 위한 경매, 타인의 권리를 상실시키는 경매, 청산을 위한 경매 등은 '형식적 경매'라고 합니다.

(2) 강제경매와 임의경매의 차이

강제경매에는 집행권원[4]이 있어야 합니다. 채권자는 이 집행권원 정본에 집행문을 부여받아 경매신청을 할 수 있습니다.

임의경매는 집행권원이 필요하지 않습니다. 피담보채권의 변제를 받기 위하여 채권자에게 경매 신청권이 인정되므로 집행권원이 필요하지 않고 담보권의 존재를 증명하는 서류를 첨부하면 경매신청을 할 수 있습니다. 담보권의 존재를 증명하는 서류에는 통상적으로 경매 신청 전 1개월 이내에 발급한 부동산등기사항 전부증명서가 해당합니다.

강제경매는 일단 유효한 집행력 있는 정본에 의하여 경매절차가 완결되고 나면, 후일 그 집행권원에 표시된 실체상의 청구권이 당초부터 존재하지 않거나 무효이거나 경매절차 완결 시까지 변제 등의 사유로 인하여 소멸되거나 재심에 의하여 집행권원이 폐기된 경우라 하더라도 경매절차가 유효한 이상 매수인이 목적물의 소유권을 취득합니다. 즉, 강제경매에는 공신적인 효과가 있습니다.

이와 달리 임의경매는 담보권의 부존재나 무효, 피담보채권의 불발생이나 소멸 등과 같은 실체상의 하자가 있으면 경매개시결정을 할 수 없으며, 이러한 사유는 매각불허가사유에 해당합니다. 또 이를 간과한 상태로 매각허가결정이 확정되어 매수인이 매각대금을

---

4) 집행권원이란 국가의 강제력에 의해 실현될 청구권의 존재와 범위를 표시하고, 집행력이 부여된 공정증서를 말한다. 집행권원을 과거 민사소송법에서는 채무명의 혹은 집행명의라고 하였다. 사법상의 청구권은 집행권원이 형성됨으로써 강제집행이 이뤄지며, 집행권원이 되는 것은 주로 재판과 재판에 준하는 효력을 가진 조서(인낙·화해·조정조서 등)이다. 또한 법원의 관여 없이 공증인이 당사자의 진술에 의거해 작성한 공정증서도 집행권원이 될 수 있다.

완납하고 소유권이전등기가 됐다고 하더라도 매수인은 매각부동산의 소유권을 취득하지 못합니다(대법원 98다51855 판결). 즉, 공신적효과가 없습니다. 다만, 실체상으로 존재하는 저당권에 의하여 경매개시결정이 있었다면 그 후 저당권이 소멸되었거나 변제 등에 의하여 피담보채권이 소멸되었더라도 경매개시결정에 대한 이의 또는 매각허가결정에 대한 항고에 의하여 경매절차가 취소되지 아니한 채 경매절차가 진행된 결과 매각허가결정이 확정되고 매각대금이 완납되었다면 매수인은 적법하게 매각부동산의 소유권을 취득합니다(대법원 2000다44348 판결).[5]

---

5) 법원행정처, 『법원실무제요, 민사집행(II)』, 2003년, 635~636쪽.

제 2 장

경매의 진행 절차

부동산 경매의 진행 절차

(1) 경매절차의 개시

채권자의 신청이 있으면 법원은 경매개시결정을 하여 매각부동산을 압류하고, 법원사무관 등은 관할 등기소에 즉시 그 사유를 등기부에 기입하도록 등기관에게 촉탁하여 경매개시결정 사유를 기입하도록 한 후, 경매개시결정 원본을 기록에 철하고 정본을 채무자에게 송달합니다.

(2) 매각의 준비

그 후 배당요구의 종기를 정하여 공고하고, 현금화의 준비절차로서 집행관에게 부동산의 현황에 관한 조사를 명하고 감정인에게 매각부동산을 평가하게 한 뒤 그 평가액을 참작하여 최저매각가격을 정합니다. 위 절차가 끝나면 법원은 매각 및 매각결정기일을 지정하여 이를 공고합니다.

(3) 매각·매각결정 및 대금지급

매각기일에는 집행관이 집행보조기관으로서 매각을 실시하여 최고가 매수인이 정하여지면 법원은 매각결정기일에 이해관계인의 의견을 들은 후 매각의 허부를 결정합니다. 허가할 매수가격의 신고가 없는 경우에는 법원은 최저매각가격을 저감하고 매각기일을 정하여 다시 새매각을 실시합니다.

매각허가결정이 확정되었을 때에는 법원은 대금지급기한을 정하여 매수인에게 대금의 지급을 명합니다. 매수인이 대금을 완납한 경우에는 매수인이 취득한 권리의 등기를 촉탁하고, 매수인이 대금을 지정한 기한까지 완납하지 아니한 때에는 차순위 매수신고인에 대한 매각허가여부를 결정하고 차순위 매수신고인이 없는 때에는 재매각을 명합니다.

(4) 채권 변제 또는 배당 기타

매수인이 대금을 완납한 후 채권자의 경합이 없거나 그 대금으로써 각 채권자의 채권 및 비용을 변제하기에 충분한 때에는 법원은 각 채권자에게 이를 지급하고 각 채권자의 채권 및 비용을 변제하기에 부족한 경우에는 배당절차를 행합니다.[6]

(5) 관리명령 및 인도명령

매수인이 매각허가결정을 받은 후 대금을 지급하고 그 부동산을 인도받기 전까지의 사이에 채무자인 그 부동산 소유자가 법률상의

---

6) 법원행정처, 『법원실무제요, 민사집행(II)』, 2003년, 3쪽.

처분행위를 하거나 사실상의 행위를 하여 부동산의 가치가 감소되어 매수인이나 채권자의 이익을 해할 염려가 있으므로, 매각허가결정이 있은 후 인도할 때까지 매수인이나 채권자의 신청이 있으면 법원은 관리인을 선임하여 그 관리인으로 하여금 그 부동산을 관리하게 하는 관리명령을 할 수 있습니다(민집 136조 2항).

한편, 법원은 대금을 지급한 후 6월 이내에 매수인이 신청하면 채무자, 소유자 또는 부동산 점유자에 대하여 부동산을 매수인에게 인도하도록 명할 수 있습니다(민집 136조 1항).

(6) 강제경매에 관한 규정의 준용

민사집행법에서는 담보권의 실행을 위한 경매절차에도 강제경매에 관한 규정 전부를 준용(민집 268조)하도록 하는 한편, 민사집행법 일부 규정을 준용(민집 275조)하도록 하여 담보권 실행을 위한 경매도 원칙적으로 압류에서 배당에 이르기까지 강제경매와 동일한 절차에 의하여 실시하도록 규정하고 있습니다.

법원의 경매사건 진행 절차

부동산 경매절차는 각 단계별로 아래 기간 내에 진행하여야 하고, 경매담당 법관 및 담당 사법보좌관은 사건기록 등을 점검, 확인하여 합리적인 이유 없이 접수 순서에서 어긋나 매각기일 지정에서 누락되는 사건이 생기지 않도록 하여야 합니다.[7]

종류	기산일	기간
경매신청서 접수		접수 당일
미등기건물 조사명령	신청일부터	3일 안 (조사기간은 2주 안)
개시결정 및 등기촉탁	접수일부터	2일 안
채무자에 대한 개시결정 송달	임의경매: 개시결정일부터 강제경매: 등기완료통지를 받은 날부터	3일 안
현황조사명령	임의경매: 개시결정일부터 강제경매: 등기완료통지를 받은 날부터	3일 안 (조사기간은 2주 안)

---

7) 부동산경매사건의 진행기간 등에 관한 예규(재민 91-5) 개정 2017. 1. 20. [재판예규 제1636호, 시행 2017. 1. 20.]

평가명령	임의경매: 개시결정일부터 강제경매: 등기완료통지를 받은 날부터	3일 안 (평가기간은 2주 안)
배당요구종기결정 배당요구종기 등의 공고·고지	등기완료통지를 받은 날부터	3일 안
배당요구종기	배당요구종기결정일부터	2월 후 3월 안
채권신고의 최고	배당요구종기결정일부터	3일 안 (최고기간은 배당요구종기까지)
최초 매각기일·매각결정기일의 지정·공고(신문공고의뢰) 이해관계인에 대한 통지	배당요구종기부터	1월 안
매각물건 명세서의 작성, 그 사본 및 현황조사보고서·평가서 사본의 비치		매각기일 (입찰기간개시일) 1주 전까지
최초매각기일 또는 입찰기간 개시일	공고일부터	2주 후 20일 안
입찰기간		1주 이상 1월 이하
새매각기일·새매각결정기일 또는 재매각기일·재매각결정 기일의 지정·공고 이해관계인에 대한 통지	사유발생일부터	1주 안

종류		기산일	기간
새매각 또는 재매각기일		공고일부터	2주 후 20일 안
배당요구의 통지		배당요구일부터	3일 안
매각실시	기일입찰, 호가경매	입찰기간 종료일부터	매각기일
	기간입찰		2일 이상 1주일 안
매각기일조서 및 보증금 등의 인도		매각기일부터	1일 안
매각결정기일		매각기일부터	1주 안
매각허부결정의 선고			매각결정기일
차순위매수신고인에 대한 매각결정기일의 지정, 이해관계인에의 통지		최초의 대금지급기한 후	3일 안
차순위매수신고인에 대한 매각결정기일		최초의 대금지급기한 후	2주 안
매각부동산 관리명령		신청일부터	2일 안
대금지급기한의 지정 및 통지		매각허가결정확정일 또는 상소법원으로부터 기록송부를 받은 날부터	3일 안
대금지급기한		매각허가결정확정일 또는 상소법원으로부터 기록송부를 받은 날부터	1월 안
매각부동산 인도명령		신청일부터	3일 안
배당기일의 지정·통지 계산서 제출의 최고		대금납부 후	3일 안

배당기일	대금납부 후	4주 안
배당표의 작성 및 비치		배당기일 3일 전까지
배당표의 확정 및 배당실시		배당기일
배당조서의 작성	배당기일부터	3일 안
배당액의 공탁 또는 계좌입금	배당기일부터	10일 안
매수인 앞으로 소유권이전 등기 등 촉탁	서류제출일부터	3일 안
기록 인계	배당액의 출급, 공탁 또는 계좌입금 완료 후	5일 안

제 3 장

입찰·매각·불복

상황 1.
입찰 보증금이 20원 부족해요

Q

저는 황채무씨 소유 건물에 대한 임의경매 절차에 참여하여 매수신청하였습니다. 이 절차에서 여러 사람이 매수신청하였는데 그중 최고임씨는 14억 9천만원을, 저는 14억 5천만원을 매수가격으로 하였습니다.

그 당시 이 건물의 최저매각가격은 1,411,437,000원이었고, 매수신청 보증금은 최저매각가격의 10분의 1인 141,143,700원이었습니다. 입찰 종료 후 확인 결과, 저는 집행법원에 최저매각가격의 10분의 1에 해당하는 금액을 매수 보증으로 제공하였으나 최고임씨는 법원이 정한 매수 보증금에서 20원이 부족한 141,143,680원을 매수 보증으로 제공한 것으로 나타났습니다.

이에 집행관은 최고임씨의 매수신고를 무효로 하고, 저를 최고가 매수신고인으로 결정하였습니다. 그러자 최고임씨는 자신을 배제하고 저를 최고가 매수신고인으로 결정한 것은 경매절차에 중대한 잘못이 있는 경우에 해당한다면서 집행법원에 이의 신청을 하였습니다.

저는 최고가 매수신고인으로서 매각허가결정을 받을 수 있는지요?

매수신청 보증에 관한 원칙은 경매절차에서 요구되는 신속성, 명확성 등을 감안할 때 획일적으로 적용되어야 하고, 매수신청인이 제공한 보증의 미달액이 극히 근소하다고 하여 그 적용을 달리할 것은 아닙니다. 따라서 최고임씨는 최고가 매수신고인으로 결정될 수 없고, 귀하가 최고가 매수신고인으로 결정되고 매각허가결정을 받을 수 있습니다.

매수신청 보증

매수신청의 보증제도는 진지한 매수의사가 없는 사람의 매수신청을 배제하여 매각의 적정성을 보장하기 위한 것입니다. 이를 위하여 매수신청인은 집행법원이 정하는 금액과 방법에 맞는 보증을 집행관에게 제공하여야 합니다(민집 113조).

기일입찰에서의 매수신청 보증금액은 최저매각가격의 10분의 1로 하되 법원이 상당하다고 인정하는 때에는 매수신청의 보증금액을 이와 달리 정할 수 있고(민집규 63조), 매수신청보증은 현금 또는 자기앞수표, 지급보증위탁계약 체결문서를 입찰표[8]와 함께 집행관

---

8) 입찰표에는 ① 사건번호와 부동산의 표시 ② 입찰자의 이름과 주소를 적는다. 다만 대리인을 통하여 입찰하는 때에는 ③ 대리인의 이름과 주소 ④ 입찰가격을 적어야 한다. 입찰가격은 일정한 금액으로 표시하여야 하며, 다른 입찰가격에 대한 비례로 표시하지 못한다(민집규 62조 2항). 입찰표는 물건마다 별도의 용지를 사용하고, 다만 일괄매각의 경우에는 예외로 한다. 한 사건에서 수 개의 입찰 물건이 있고, 그 물건들이 개별입찰에 부쳐진 경우에는 사건번호 외에 "물건번호"를 기재한다. 입찰보증금을 넣은 봉투(흰색)와 입찰표를 함께 넣은 입찰봉투(황색)를 주민등록증과 함께 집행관에게 제출하여 본인확인 등을 받은 후 입찰봉투상에 연결번호 및 간인을 받은 다음 입찰함에 투입한다. 입찰표를 일단 제출하면 취소나 변경, 교환할 수 없다(민집규 62조 6항). 따라서 입찰표 제출 후 입찰금액을 변경하는 것이 금지되고, 다시 입찰표를 제출하는 것도 허용되지 않는다. 이를 위반하여 동일인이 2개의 입찰표를 제출한 경우에는 모두 무효로 보아야 한다(대법원 94마1150 결정).

에게 제출하는 방법으로 하여야 합니다(민집규 64조).

은행 등의 자기앞수표는 지급제시기간이 5일 이상 남은 것에 한하며(재민 2004-3, 31조 5호), 한국자산관리공사가 매수신고인이 되거나 채권회수를 위탁한 금융기관을 대리하여 매수신고인이 되고자 하는 경우에는 그 공사의 지급확약서를 담보로 제공할 수 있습니다(자산관리공사법 45조).

매수 보증의 획일성

매수신청인이 입찰표와 함께 집행관에게 제출한 보증이 최저매각가격의 10분의 1 또는 집행법원이 정한 기준에 미달한 경우, 그 매수신청인에게 매수를 허가할 수 없으므로 집행관은 그 입찰표를 무효로 처리하고 차순위자를 최고가 매수신고인으로 결정하여야 합니다(대법원 98마626 결정).

매수신청 보증에 관한 원칙은 입찰절차에서 요구되는 신속성, 명확성, 예측 가능성 등을 감안할 때 획일적으로 적용되어야 하고, 매수신청인이 제공한 보증의 미달액이 극히 근소하다고 하여 그 적용을 달리할 것이 아니며, 그와 같은 획일적인 취급이 매수신청 보증제도의 취지에 어긋난다고 할 수도 없습니다(대법원 2007마911 결정). 따라서 사례와 같이 법원이 정한 매수 보증금에서 20원이 부족한 금액을 매수 보증금으로 하여 집행관에게 제공한 경우에도 그 입찰표는 무효입니다.

한편, 매수신청의 보증제도가 진지한 매수의사가 없는 사람의 매수신청을 배제하여 매각의 적정성을 보장하기 위한 것이라는 점을 비추어 볼 때, 최고임씨가 141,143,700원이나 되는 다액의 보증금에서 불과 20원이 모자라는 금액을 보증으로 제공하였음에도, 최고임씨의 매수신고를 무효로 하고 차순위 매수신고인을 최고가 매수신고인으로 결정하는 것은 매수신청의 보증제도의 취지에 부합하는 것이라고 보기 어려울 뿐 아니라, 채무자 및 채권자 등 이 경매절차에 관한 이해관계인들의 이익도 해하는 것[9]이므로 최고임씨를 최고가 매수신고인으로 결정할 수도 있습니다.

그러나 입찰절차에서 요구되는 신속성, 명확성, 예측가능성 등의 취지를 감안하지 않더라도 기일입찰표의 보증금액란에 정해진 액수에 미치지 못하는 141,143,680원을 기재하고 이를 매수신청의 보증으로 제공한 것은 그 과실이 작다고 보기도 어렵기 때문에 최고임씨가 최고가 매수인이 되는 것은 타당하지 않습니다.

그렇다면 최고임씨의 매수신청은 무효로 해야 하고, 귀하가 최고가 매수신고인으로 결정되고 매각허가결정을 받아야 합니다.

매각기일에 매수신청을 하면서 경쟁 입찰자들의 눈치를 살피고 적정한 매수가격 결정을 위해 심사숙고를 하다 보면 엉뚱한 곳에서 치명적인 실수를 저지르는 경우가 종종 있습니다.

사례와 같은 실수를 막기 위해 실무에서는 법원이 정한 매수 보증금에 약간 상회하는 금액을 자기앞수표로 발행하여 매수 보증으로 제공하기도 합니다.

예컨대, 매수 보증금이 900만원인데 1,000만원짜리 자기앞 수표 1매를 제출한 경우 이를 유효한 것으로 취급하고, 그 초과 부분은

---

9) 최고임씨는 14억 9천만원을, 사례자는 14억 5천만원을 매수가격으로 하여 매수신청한 바, 최고임씨를 최고가 매수인으로 결정하면 채무자 또는 채권자는 사례자가 최고가 매수인으로 되는 때에 비해 4천만원을 교부 또는 배당받을 수 있으므로 최고임씨가 최고가 매수인이 되는 것이 이익이다.

반환하지 아니하되, 매수인으로서 대금 납부 시에는 그 잔액만 납부하면 됩니다(민집 142조 4항 참조).

매수신청인 최고임씨는 최저매각가격의 10분의 1을 매수보증으로 제공해야 한다는 것을 분명히 알고 있었을 터인데 매수신청 보증금액의 백 원 단위가 700원인데도 굳이 680원을 기재하고, 제공한 것은 의아할 따름입니다.

대개 보증금액을 높여서 쓰는 경우는 있어도 낮춰서 쓰지는 않습니다. 게다가 10원 단위는 올림해서 액수가 높은 100원 단위로 쓰고, 그 금액을 제공할 것이므로 이 부분은 이해하기 어렵습니다.

최고임씨가 최고가 매수인이 되지 못한 것은 아쉬운 일이나 하루 시간의 일부와 교통비 정도를 허비한 것 외에는 잃은 게 없으므로 일종의 해프닝으로 지나갈 수밖에 없습니다. 앞으로도 많은 경매절차가 있을 것이므로 돈 주고 살 수 없는 생생한 경험을 했다는 것을 위안으로 삼을 수밖에 없는 사례라고 할 수 있습니다.

상황 2.
입찰가에 '0'을 더 써 버렸어요

Q

저는 최저매각가격이 4억원인 아파트의 경매절차에 참여하면서 매수신청가격으로 5억원을 적어 내려고 결심하였습니다. 그런데 입찰표 작성 과정에서 실수로 '0'을 하나 더 적어 매수신청가격을 50억원으로 한 입찰표를 법원에 제출하고 말았습니다.

당연히 최고가 매수신고인이 된 저는 입찰 당시 의도 달리 실제 매수신청가격에 '0'을 추가하는 실수로 인해 최고가 매수신고인이 되었다는 사실, 현실적으로 50억원을 마련할 수 없고, 그 아파트가 50억원의 가치도 없다는 사실을 들어 집행법원에 매각허가에 대한 이의를 신청하려고 합니다.

저의 이의 신청이 인정되어 매각불허가결정을 받을 수 있는지요?

A

부동산 경매절차에서 실수로 자신이 본래 기재하려고 한 매수신청가격보다 높은 가격을 기재하여 최고가 매수신고인이 되었다는 것을 사유로 한 이의 신청은 매각불허가 사유에 해당하지 않습니다. 따라서 귀하는 매각불허가결정을 받을 수 없습니다.

사례에서는 입찰표에 실수로 자신이 본래 기재하려고 한 매수신청가격보다 높은 가격을 기재한 것이 민사집행법이 정한 매각불허가 사유에 해당하는지가 문제 됩니다.

매각허가에 대한 이의신청 및 매각 허부의 결정

민사집행법은 매각허가에 대한 이의 신청 사유를 다음과 같이 열거하고 있습니다. ① 강제집행을 허가할 수 없거나 집행을 계속 진행할 수 없을 때, ② 최고가 매수신고인이 부동산을 매수할 능력이나 자격이 없는 때, ③ 부동산을 매수할 자격이 없는 사람이 최고가 매수신고인을 내세워 매수신고를 한 때, ④ 최고가 매수신고인, 그 대리인 또는 최고가 매수신고인을 내세워 매수신고를 한 사람이 다른 사람의 매수신청을 방해하는 등 민사집행법 제108조 각 호[10] 가운데 어느 하나에 해당되는 때, ⑤ 최저매각가격의 결정, 일괄매각의 결정 또는 매각물건명세서의 작성에 중대한 흠이 있는 때, ⑥ 천재지변, 그 밖에 자기가 책임을 질 수 없는 사유로 부동산이 현저하게 훼손된 사실 또는 부동산에 관한 중대한 권리관계가 변동된 사실이 경매절차의 진행 중에 밝혀진 때, ⑦ 경매절차에 그 밖의 중대한 잘못이 있는 때(이상 민집 121조), ⑧ 과잉 매각에 해당한 때(민집 124조 1항)입니다.

---

10) 제108조(매각장소의 질서유지) 집행관은 다음 각호 가운데 어느 하나에 해당한다고 인정되는 사람에 대하여 매각장소에 들어오지 못하도록 하거나 매각장소에서 내보내거나 매수의 신청을 하지 못하도록 할 수 있다.
  1. 다른 사람의 매수신청을 방해한 사람
  2. 부당하게 다른 사람과 담합하거나 그 밖에 매각의 적정한 실시를 방해한 사람
  3. 제1호 또는 제2호의 행위를 교사(敎唆)한 사람
  4. 민사집행절차에서의 매각에 관하여 형법 제136조·제137조·제140조·제140조의2·제142조·제315조 및 제323조 내지 제327조에 규정된 죄로 유죄판결을 받고 그 판결확정일부터 2년이 지나지 아니한 사람

이런 사유로 이해관계인이 이의를 신청하면 그 이의 신청이 정당한 때에는 매각을 허가하지 아니하고, 이해관계인의 이의 신청이 없더라도 법원이 이를 발견했을 때에는 직권으로 매각을 허가하지 아니합니다(민집 123조).

실무에서 자주 발생하는 매각불허가 사유는 ① 채무자, 소유자에 대한 경매개시결정 송달 누락 또는 부적법 송달, ② 이해관계인에 대한 매각기일 미통지, ③ 최저매각가격 결정 잘못, ④ 최저매각가격, 면적 등 공고의 잘못 등이 있습니다.

한편, 부동산 경매절차에서는 민사집행법 제121조 각호 및 제124조 제1항에 규정된 사유가 아닌 이상 매각을 불허가 받을 수 없고, 최고가 매수신고인이 착오로 자신이 본래 기재하려고 한 매수신청가격보다 높은 가격을 기재하였다는 사유는 위 법 조항의 어디에도 해당한다고 볼 수 없으므로 매각불허가를 받을 수 없습니다(대법원 2009마2252 결정).

우리 법원은 민사집행법이 규정한 매각불허가 사유에 해당한 때에만 매각불허가결정을 할 수 있다고 하여 열거주의를 취하고 있습니다. 왜냐하면, 위 불허가 사유들이 단순히 불허가의 한 가지 예에 불과하고 이 사유에는 해당하지 않더라도 다른 정당한 사유가 있다면 매각을 불허가할 수 있다는, 이른바 예시주의의 표현이라고 한다면 사례와 같은 경우에 법률행위의 내용의 중요부분에 착오가 있을 때 의사표시를 취소할 수 있는 민법 제109조를 유추적용하여 매각불허가결정을 할 수도 있기 때문입니다. 다만, 이 경우에도 귀하에게는 매수신청가격 기재에 중대한 과실이 있어 민법의 요건조차 갖추지 못한 것으로 판단되어 매각불허가결정은 어려울 것으로 보입니다.

매수 보증금의 반환

귀하는 아파트 매각대금 50억원을 도저히 납부할 수 없고, 현실적으로 그 아파트가 50억원의 가치도 없는데도 매각불허가결정을 받지 못하게 되었습니다. 매각불허가결정을 받지 못하므로 결국 매각대금을 납부해야 합니다.

그러나 귀하는 이를 납부하지 않거나 못할 것입니다. 이로써 이 아파트에 대한 경매는 재매각 절차에 들어가게 되고(민집 138조 1항),[11] 귀하는 매수 보증금으로 이미 납부한 최저매각가격의 10%, 즉 4천만원을 법원으로부터 반환받지 못합니다(민집 138조 4항).[12]

외견상, 누가 보아도 매수신청가격을 실수로 기재하였음이 명백하므로 법원이 매각불허가결정을 하는 것이 어쩌면 합리적일 것으로 보입니다. 그러나 다음과 같이 채무자, 근저당권자, 기타 채권자 등의 이익을 침해할 우려가 있으므로 어쨌든 매각불허가결정을 받을 수는 없는 것입니다.

예컨대, 5억원의 채권을 가진 1순위 근저당권자가 있는데 경매 부동산이 4억원에 매각되었다고 하면 이 근저당권자는 4억원을 배당받고, 나머지 1억원은 미수 채권으로 남게 됩니다. 그런데 사례에

---

11) 제138조(재매각)
    ① 매수인이 대금지급기한 또는 제142조 제4항의 다시 정한 기한까지 그 의무를 완전히 이행하지 아니하였고, 차순위 매수신고인이 없는 때에는 법원은 직권으로 부동산의 재매각을 명하여야 한다.

12) 제138조
    ④ 재경매절차에서는 전의 매수인은 매수신청을 할 수 없으며 매수신청의 보증을 돌려 줄 것을 요구하지 못한다.

서의 매수 보증금 4천만원은 매각허가결정을 받은 매수인이 기일 내에 매각대금을 지급하지 못하면 매수인에게 반환되지 않고, 재매각의 매각대금과 합쳐져 배당금으로 편입됩니다.

매각 부동산이 재매각 절차에서 4억원에 매각된다면 이로써 배당금 총액은 4억 4천만원이 되어 근저당권자는 이를 전액 배당받게 되고 미수 채권은 6천만원이 됩니다.

이와 달리 재매각 절차에서 5억 4천만원에 매각된다면 근저당권자는 5억원 채권 전부를 배당받을 수 있고, 다른 채권자가 없다면 부동산 소유자인 채무자는 배당금에 편입된 매수신청 보증금 4천만원을 포함한 배당 잔액 8천만원을 교부받게 됩니다.

사례의 경우 최고가 매수인이 억울할 수 있습니다. 누가 보아도 실수임이 명백하기 때문입니다. 그럼에도 법률 규정에 없는 사유로는 매각불허가결정을 받을 수 없기 때문에 한순간의 실수로 입찰 보증금 4천만원을 반환받을 수 없는 손해를 입었던 것입니다.

부동산 경매절차에 참여하고자 하는 사람은 입찰표 작성 시 거듭 확인하고 조심하여 불측의 손해를 입지 않도록 하여야 합니다. 신중한 입찰표 작성을 위해 노력하는 것이 저렴한 가격에 부동산을 매수하여 매매 차익 등의 수익을 얻는 것보다 우선임을 보여주는 사례입니다.

상황 3.
재매각 시 매수신청 보증금 반환이
가능할까요?

Q

저는 전체 면적이 2,000㎡인 토지에 관한 임의경매 절차에 참여하여 매수신청 보증금 5천만원을 제공하고 최고가 매수신고인이 되었고, 집행법원으로부터 매각허가결정을 받았습니다. 그러나 저는 자금사정으로 매각대금을 기한 내에 납부하지 못하였습니다.

그러자 집행법원은 재매각 결정을 하였고, 재매각 절차가 진행되던 중 위 토지의 일부인 200㎡가 도로로 수용되었습니다. 이에 법원은 도로로 수용된 부분을 제외한 나머지 토지 1,800㎡에 대해 감정인에게 재감정 실시를 의뢰하고 재감정서를 제출받은 후 직권으로 최저매각가격을 변경하였습니다.

저는 재감정 후 변경된 매각 조건 아래 진행된 매각 절차는 종전의 경매절차가 잘못된 것임을 인정하고 이를 무효로 한다는 전제하에, 새로이 경매절차를 진행한 새매각절차라는 이유를 들어 집행법원에 매수신청 당시 제공한 매수신청 보증금 5천만원을 반환청구하고자 합니다.

저의 반환 청구는 받아들여질 수 있을까요?

매수대금 지급 기한 내에 매각대금을 지급하지 아니하여 재매각 절차가 진행되던 중 부동산의 권리관계가 변동되어 매각조건이 변경되었다고 하더라도 이는 매수신청 보증금을 반환받을 수 있는 새매각 절차라고 할 수 없습니다. 따라서 귀하의 매수신청 보증금 반환 청구는 받아들여지지 않습니다.

사례에서는 매수인이 기한 내에 매수대금을 지급하지 아니하자 법원이 재매각 결정을 한 후 권리변동을 이유로 재감정을 실시하고, 종전의 매각 조건을 직권으로 변경하여 경매절차를 진행한 것이 재매각이 아닌 새매각에 해당하는지가 쟁점입니다. 새매각에 해당한다면 귀하는 매수신청 보증금 5천만원을 반환받을 수 있기 때문입니다.

새매각과 재매각

새매각이란 매각을 실시하였으나 매수인이 결정되지 않았기 때문에 다시 기일을 지정하여 실시하는 매각을 말하고, 재매각이란 매각허가결정이 확정되어 매수인이 결정되었음에도 불구하고 그 매수인이 대금을 지급하지 아니하여 실시하는 매각을 말합니다.[13]

새매각은 매각허가결정에 이르지 아니하였거나 매각허가결정의 확정에 이르지 아니한 경우에만 실시하고, 재매각은 매각허가결정

---

13) 법원행정처, 『법원실무제요, 민사집행(II)』, 2003년, 282쪽.

확정 후 매수인의 대금지급의무 불이행을 원인으로 실시하는 매각이므로 양자는 구별되나 경매절차를 다시 실시한다는 점에서는 같습니다.

새매각은 ① 매각기일에 허가할 매수가격의 신고가 없는 경우(민집 119조), ② 매각기일에 법원이 최고가 매수신고인에 대하여 매각을 허가할 수 없는 사유가 있어 매각을 불허하거나 매각허가결정이 항고심에서 취소된 경우(민집 125조), ③ 매수가격 신고 후 천재지변이나 그 밖에 자기가 책임질 수 없는 사유로 부동산이 현저하게 훼손된 사실 또는 부동산에 관한 중대한 권리관계가 변동되어 최고가 매수신고인이나 매수인의 신청에 의하여 매각불허가결정을 하거나 매각허가결정을 취소한 경우(민집 121조 6호, 127조)에 진행합니다.

허가할 매수가격의 신고가 없어 매각기일이 최종적으로 마감된 때에는 법원은 최저매각가격을 상당히 낮추고 새매각기일을 정해야 하는데(민집 119조), 실무에서는 20% 또는 30%씩 저감하고 있습니다.

재매각은 ① 매수인이 매각대금 지급의무를 완전히 이행하지 아니하였을 것, ② 차순위 매수신고인이 없을 것, ③ 의무 불이행이 재매각 명령 시까지 존속할 것을 요건으로 하고 있습니다(민집 138조 1항 및 3항).

재매각 절차에서는 종전에 정한 최저매각가격, 그 밖의 매각조건을 적용합니다(민집 138조 2항). 이 경우 매수신청 보증금은 실무상 최저매각가격의 10분의 2로 하고 있습니다.

재매각 절차에서는, 전의 매수인은 매수신청을 할 수 없으며 매수신청의 보증을 돌려줄 것을 요구하지 못합니다(민집 138조 4항).

사례에서 귀하는 재매각 절차에서 이루어진 매각 조건의 변경이 종전의 경매절차가 잘못된 것임을 인정하고 이를 무효로 하는 전제하에 이루어진 것이므로 이 경매절차는 재매각이 아닌 새매각이라고 주장하고 있습니다.

그런데 귀하는 매수인으로서 매각허가결정을 받은 후 매각허가결정에 대한 이의신청 사유 또는 매각허가결정 절차에 중대한 잘못이 있었다면 이를 이유로 즉시항고할 수 있었음에도 하지 않았습니다. 이를 볼 때 매각허가결정이 정당하였기에 귀하가 즉시항고할 수 없었다고 할 수 있습니다.

즉시항고가 없었으므로 매각허가결정은 확정되었고, 귀하는 법원이 정한 기한 내에 매각대금을 지급하였어야 함에도 이를 이행하지 아니하였습니다.

귀하는 기한 내에 매수대금을 지급하지 아니하면 재매각 절차가 진행되고 매수 보증금이 몰취된다는 사실을 알고 있었고, 이를 포기할 작정이었을 것입니다. 그런데 재매각 절차에서 매각 부동산 중 일부가 수용되어 최저매각가격이 변경되었음을 기화로 이미 몰취된 매수 보증금의 반환을 구하기 위해 새매각을 주장하고 있습니다.

권리변동과 재매각

매수인이 대금지급기한까지 그 의무를 완전히 이행하지 아니하면 매수인은 재매각 절차에서 매수 보증금의 반환을 청구할 수 없으며 이는 재매각 절차의 진행 중에 부동산의 일부에 관한 권리관계가 변동되어 법원이 직권으로 최저매각가격을 변경하였더라도 마찬가지이고, 부동산 중 일부의 수용에 따른 재감정과 최저매각가격의 변경이 있더라도 재매각 절차는 여전히 유지되며, 이를 새 매각 절차에 준하는 절차라 인정할 수는 없습니다(대법원 2008마1112 결정).

만일, 귀하가 매수대금 지급 기한 내에 이를 지급하여 부동산의 소유권을 취득하였다면 그 후 부동산 중 일부가 수용되더라도 귀하는 부동산 소유권자로서 수용 보상금을 수령하면 되므로 어떤 손해를 입을 가능성도 없습니다.

그럼에도 불구하고, 귀하가 대금을 기한 내에 지급하지 아니하여 몰취된 매수 보증금을 반환받을 목적으로 부동산 중 일부의 권리 변동을 이유로 재매각 절차에 대한 이의를 제기하는 것은 타당하다고 볼 수 없습니다.

생각건대, 귀하를 매수인으로 한 매각허가결정 확정 후, 귀하께서 현장을 살펴보니 이 토지는 도로 없는 맹지로서 이용 가치가 별로 없고, 매매가 이루어지기 어렵거나 매매가 이루어진다 해도 거래가액이 매각대금보다 낮다고 판단(귀하가 매각대금을 지급하지 아니하여 재매각 절차가 진행된 후 토지 전체 면적 2,000㎡ 중 200㎡가 도로로 수용된 사실을 보면 맹지라 판단됩니다)하고, 매수 보증금이 몰취되는 손해를 감수하면서 매각대금을 지급하지 않았던 것으로 보입니다.

그러다가 이 토지의 재매각 절차의 진행 상태를 살펴보던 중 집행법원이 도로로 수용된 부분을 제외한 토지에 대하여 재감정을 의뢰하고 직권으로 최저매각가격을 변경한 사실을 알고, 이러한 사유를 들면서 몰취된 매수 보증금을 반환받을 수 있을 수도 있다고 생각하여 집행에 관한 이의를 제기하였을 것입니다.

입찰을 준비하면서 이 토지에 관한 '토지이용계획 확인원'을 발급받아 분석하였거나 관할 관청에 직접 찾아가서 토지의 현황에 대해 문의하였다면 향후 도로가 개설될 예정임을 알 수 있었을 것이고, 그렇다면 매각대금을 지급하고 소유권을 취득한 후 도로 개설로 인해 토지 가격이 그 전보다 높게 형성될 것임을 알았을 것이며 사례와 같은 상황은 발생하지 않았을 것입니다.

이를 볼 때 임장과 토지 이용관계, 권리분석의 중요성은 다시 한 번 강조해도 지나치지 않음을 알 수 있습니다.

상황 4.
건물 용도를 잘못 알고 입찰했어요

Q

저는 임대용 오피스텔로 활용할 목적으로 경매 물건을 구하던 중 감정 평가액 및 최저매각가격이 25억원이며 매각물건명세서에 그 용도가 '업무시설'로 표시된 상가 건물을 발견하고 경매절차에 참여하였습니다.

저는 매수신청가격을 28억 1천만원으로 하여 최고가 매수신고인이 되었고, 법원으로부터 매각허가결정을 받았으며, 즉시항고를 하지 않아 확정되었습니다. 그 후 매각대금 납부를 준비하면서 이 상가의 매각물건명세서상의 부동산 표시목록과 건축물 대장을 대조·비교하였는데, 건물의 용도가 부동산 표시목록에는 '업무시설'로 되어 있고, 건축물 대장에는 '근린생활시설'로 되어 있음을 발견하였습니다.

오피스텔은 그 용도가 '업무시설'이지 '근린생활시설'이 아니므로 이 건물은 당초 매수하려던 부동산이 될 수 없습니다. 따라서 매각물건명세서에 건물 용도가 '근린생활시설'로 표시되어 있었다면 저는 이 경매절차에 참여하지 않았을 것입니다.

그래서 매각대금을 납부할 생각이 없고, 매각대금 납부기한 전에 매각허가결정의 취소를 받아 매수 보증금을 반환받고 싶습니다.

이에 저는 실제로는 '근린생활시설'인데 '업무시설'로 매각물건명세서를 잘못 작성하고 이를 근거로 감정 평가한 것은 '부동산에 관한 권리관계의 중대한 변동이 있을 때'에 해당한다는 이유로 법원에 매각허가결정 취소를 구하고자 합니다.

이것이 받아들여질 수 있을까요?

집행법원이 매각 목적물에 대한 평가를 함에 있어 부동산의 물적 상태나 그 용도 및 이에 대한 각종 규제 등을 실제와 다르게 적용하여 그 가격을 결정하였다는 것은 매각허가결정 취소 사유인 '부동산에 관한 권리관계의 중대한 변동이 있을 때'에 해당하지 않습니다. 따라서 귀하의 매각허가결정 취소 신청은 받아들여질 수 없습니다.

사례에서는 법원이 건축물 대장에도 '근린생활시설'로 등재되어 있고, 실제로도 '근린생활시설'로 사용되는 건물을 '업무시설'로 적용하여 건물의 가격을 평가한 것이 매각허가결정 취소 사유인 '천재지변, 그 밖에 자기가 책임을 질 수 없는 사유로 부동산이 현저하게 훼손된 사실 또는 부동산에 관한 중대한 권리관계가 변동된 사실이 매각허가결정의 확정 뒤에 밝혀진 경우(민집 127조)'에 해당하는지가 쟁점입니다.

근린생활시설과 업무시설

'근린생활시설'은 주택가와 인접해 주민들의 생활에 편의를 주는

시설로 제1종 근린생활시설과 제2종 근린생활시설로 분류합니다. 제1종 근린생활시설에는 슈퍼마켓, 일용품점 등이 입주할 수 있고, 제2종 근린생활시설에는 일반음식점, 기원, 금융업소 등이 입주할 수 있습니다(건축법 시행령 별표1).

'업무시설'은 공공업무시설과 일반업무시설로 분류되는데 공공업무시설은 제1종 근린생활시설에 해당하지 않는 국가 또는 지자체의 청사 등이 해당하고, 일반업무시설은 제2종 근린생활시설에 해당하지 않는 금융업소, 출판사 등과 오피스텔이 해당합니다(건축법 시행령 별표1).

부동산 용도의 기준이 되는 공적 장부

경매절차에서 부동산을 매수하고자 하는 사람은 매각 부동산을 어떤 목적으로 활용할지를 가장 우선으로 고려하고 경매절차에 참여하는데, 부동산의 용도는 그 부동산의 등기사항 전부증명서와 토지 대장 또는 건축물 대장을 보고 파악합니다.

그런데 부동산 등기사항 전부증명서에 기재된 특정 부동산의 용도와 토지대장 또는 건축물대장에 기재된 그 부동산의 용도가 각각 다른 경우가 있습니다. 이 경우 어떤 서류에 기재된 내용을 기준으로 '용도'를 파악해야 하는지 의문이 드는데, 등기사항증명서가 아닌 토지대장 또는 건축물대장을 기준으로 용도를 파악하여야 합니다.[14]

---

14) 부동산의 주소, 면적 등 표시에 관한 사항은 건축물 대장, 토지 대장 등을 기준으로 하고, 소유에 관한 사항은 부동산등기사항증명서를 기준으로 한다(부동산등기법 34조, 40조, 62조 참조).

예컨대, 부동산 등기사항 전부증명서에는 토지의 용도가 '전'으로 되어 있는데, 토지대장에는 '대'로 되어 있다면 이 토지는 집터이지 밭이 아니라는 것입니다. 이는 관청으로부터 농지전용허가를 받아 '전'이 '대'로 용도가 변경되어 토지대장이 바뀌었으나 관할 등기소에 지목변경등기가 되어 있지 않아서 토지대장과 등기사항증명서가 다르게 나타난 것입니다. 이 경우 토지소유자는 토지대장을 새로 발급받아 관할 등기소에 지목변경등기 신청을 하여 토지대장과 등기사항증명서를 일치시킬 수 있습니다.

부동산 소유권의 판단 기준이 되는 공적 장부

한편, 등기사항 전부증명서에는 소유자가 'B'로 등기되어 있는데, 토지대장에는 소유자가 'A'로 표시되어 있는 경우가 있습니다. 이때는 앞의 경우와 달리 부동산의 표시가 아닌 소유권 등 권리관계에 관한 사항으로써 대장이 아닌 등기사항 전부증명서의 기록이 기준이 됩니다.[15]

---

15) 공간정보의 구축 및 관리 등에 관한 법률 제88조(토지소유자의 정리)

① 지적공부에 등록된 토지소유자의 변경사항은 등기관서에서 등기한 것을 증명하는 등기필증, 등기완료통지서, 등기사항증명서 또는 등기관서에서 제공한 등기전산정보자료에 따라 정리한다. 다만, 신규등록하는 토지의 소유자는 지적소관청이 직접 조사하여 등록한다.

②「국유재산법」제2조 제10호에 따른 총괄청이나 같은 조 제11호에 따른 중앙관서의 장이 같은 법 제12조 제3항에 따라 소유자 없는 부동산에 대한 소유자 등록을 신청하는 경우 지적소관청은 지적공부에 해당 토지의 소유자가 등록되지 아니한 경우에만 등록할 수 있다.

③ 등기부에 적혀 있는 토지의 표시가 지적공부와 일치하지 아니하면 제1항에 따라 토지소유자를 정리할 수 없다. 이 경우 토지의 표시와 지적공부가 일치하지 아니하다는 사실을 관할 등기관서에 통지하여야 한다.

부동산등기법 제62조(소유권변경 사실의 통지)
등기관이 다음 각호의 등기를 하였을 때에는 지체 없이 그 사실을 토지의 경우에는 지적소관청에, 건물의 경우에는 건축물대장 소관청에 각각 알려야 한다.

토지의 소유권이 'A'에서 'B'로 이전 등기되었으나 대장 소관청이 대장을 정리하지 않은 상황으로 현 소유자 'B' 등 이해관계인이 이러한 사실을 대장소관청 담당공무원에게 전화 등으로 알려주면 담당공무원이 확인하고 바로 대장상의 소유자를 'B'로 변경해줍니다.

사례에서 귀하는 이 건물의 등기사항 증명서와 매각물건명세서에 기재된 용도만 보고 경매절차에 참여하였습니다. 최고가 매수신고인이 되고 매각허가결정이 확정되어 매각대금의 납부를 준비하면서 그때서야 비로소 건축물 대장과 매각물건명세서를 비교하였습니다.

귀하는 입찰준비 단계에 이 건물의 부동산등기사항 전부증명서를 발급받고, 매각물건명세서와는 비교하였을 것이고, 그 결과 건물의 용도가 '업무시설'로 일치함을 확인했을 것입니다. 하지만 건축물대장을 발급받아 확인하지는 않았던 것입니다.

그러다 대금 납부 단계에서 건축물대장을 발급받았습니다. 대금 납부 후 소유권을 이전받으려면 건축물 대장이 첨부되어야 소유권이전등기가 되기 때문입니다. 그 결과 귀하가 당초 의도한 용도가 아님을 파악하고, 어떻게든 매각허가결정을 취소받아야 할 상황에 처한 것입니다.

귀하는 임대용 오피스텔 목적으로 매각 부동산을 구하던 중이었으므로 매각물건명세서에 이 건물의 용도가 '근린생활시설'이라

---

1. 소유권의 보존 또는 이전
2. 소유권의 등기명의인표시의 변경 또는 경정
3. 소유권의 변경 또는 경정
4. 소유권의 말소 또는 말소회복

고 표시되어 있는 것을 알았다면 당연히 경매절차에 참여하지 않았을 것입니다.

왜냐하면, 근린생활시설은 오피스텔 용도로 사용할 수 없고, 이를 오피스텔로 활용하려면 관할 관청으로부터 '업무시설'로 용도변경 허가를 받는 등 번잡한 절차를 거쳐야 하기 때문입니다(건축법 19조).

매각허가결정에 대한 불복

매각허가에 대한 이의 신청은 민사집행법 제121조에 열거된 것에 한하여 할 수 있고, 그 이외의 사유로는 할 수 없으며, 매각허가 또는 불허가 결정 이전에 하여야 합니다.

매각허가 여부의 결정에 대한 불복은 즉시항고로만 가능하고 통상 항고(민소법 439조)나 집행에 관한 이의(민집 16조)로는 할 수 없습니다.

매각허가 또는 불허가 결정에 따라 이해관계인은 손해 볼 경우에만 즉시항고할 수 있으나, 매각허가에 정당한 이유가 없거나 결정에 적은 것 외의 조건으로 허가하여야 한다고 주장하는 매수인 또는 매각허가를 주장하는 매수신고인도 즉시항고를 할 수 있습니다(민집 129조).

매각허가결정에 대한 항고는 매각허가에 대한 이의신청 사유(민집 121조)가 있다거나 그 결정절차에 중대한 잘못이 있다는 것을 이유로 드는 때와 재심사유(민소법 451조 1항 각호)가 있을 때에만 할 수 있습니다(민집 130조 1항 및 2항).

매각불허가결정에 대한 항고는 그 매각불허가결정에 기재된 사유에 대하여 다투면 되고, 민사집행법에 규정된 모든 불허가 원인(민집 96조, 121조, 123조, 124조)[16]이 없음을 이유로 하는 때에 한하여 할 수 있는 것은 아닙니다.

이해관계인 등이 즉시항고를 제기하지 아니하여 매각허가 또는 불허가 결정이 확정된 경우에는 원칙적으로 그 취소를 구할 수는 없습니다.

다만, 매각허가결정 단계에서 부동산의 현저한 훼손이나 중대한 권리관계의 변동을 간과하여 매각허가결정이 되고, 매수인도 이를 모르고 즉시항고를 제기하지 않아 매각허가결정이 확정된 후 매수인이 이러한 사실을 안 때, 매수인은 매각대금을 내기 전까지 그 매각허가결정의 취소를 구할 수 있습니다(민집 127조). 매각허가결정이 취소되면 법원은 새매각 절차를 진행하게 됩니다(민집 134조).

귀하는 최고가 매수신고인이 된 후 매각허가결정 단계에서 건물의 용도가 '업무시설'이 아닌 사실을 알지 못하여 매각허가에 대한

---

16) 제96조(부동산의 멸실 등으로 말미암은 경매취소)
　① 부동산이 없어지거나 매각 등으로 말미암아 권리를 이전할 수 없는 사정이 명백하게 된 때에는 법원은 강제경매의 절차를 취소하여야 한다.
　② 제1항의 취소결정에 대하여는 즉시항고를 할 수 있다.

　제123조(매각의 불허)
　① 법원은 이의신청이 정당하다고 인정한 때에는 매각을 허가하지 아니한다.
　② 제121조에 규정한 사유가 있는 때에는 직권으로 매각을 허가하지 아니한다. 다만, 같은 조 제2호 또는 제3호의 경우에는 능력 또는 자격의 흠이 제거되지 아니한 때에 한한다.

　제124조(과잉매각되는 경우의 매각불허가)
　① 여러 개의 부동산을 매각하는 경우에 한 개의 부동산의 매각대금으로 모든 채권자의 채권액과 강제집행비용을 변제하기에 충분하면 다른 부동산의 매각을 허가하지 아니한다. 다만, 제101조 제3항 단서에 따른 일괄매각의 경우에는 그러하지 아니하다.
　② 제1항 본문의 경우에 채무자는 그 부동산 가운데 매각할 것을 지정할 수 있다.

이의 신청을 하지 않았습니다. 이에 법원은 매각허가결정을 하였는데 이에 대해서도 귀하가 즉시항고를 하지 않아 이 결정은 확정되었습니다.

그렇다면 매각허가결정이 취소되지 않는 한 귀하는 매각허가결정 확정일로부터 1월 안에 매각대금을 납부하여야 하고(민집규 78조), 이를 납부하지 아니하면 이 건물의 소유권을 취득할 수 없게 되며, 법원은 재매각 기일을 정합니다(민집 138조 1항). 귀하는 이 절차에 참여할 수 없고, 법원으로부터 이미 낸 매수 보증금 2억 5천만원은 반환받을 수 없습니다(민집 138조 4항). 이 보증금은 매각 종료 후 배당할 재산에 포함됩니다(민집 147조 1항 5호).

매각대금 납부 기한 전에 귀하가 매각허가결정의 취소를 구하기 위해서는 '부동산에 관한 중대한 권리관계가 변동된 사실이 매각허가결정의 확정 뒤에 밝혀졌다'는 사유(민집 127조 1항)가 있어야만 법원에 매각허가결정 취소를 신청할 수 있습니다.

'부동산에 관한 중대한 권리관계의 변동'이라 함은 매수인이 소유권을 취득하지 못하거나 또는 매각부동산의 부담이 현저히 증가하여 매수인이 인수할 권리가 중대하게 변동되는 경우를 말합니다.

따라서 매각목적물을 평가함에 있어서 부동산의 물적 상태나 그 용도 및 이에 대한 각종 규제 등을 실제와 다르게 적용하여 그 가격을 결정하였다는 사유는 매각허가결정 취소 사유인 '부동산에 관한 중대한 권리관계의 변동'에 해당한다고 할 수 없습니다(대법원 2005마643 결정).

사례와 같은 사유는 '매각물건명세서의 작성에 중대한 흠이 있는 때'에 해당하여 매각허가결정이 확정되기 전에 하는 이의신청

사유(민집 121조 5호 후단)는 되나, 매각허가결정 취소 사유는 되지 않습니다.

귀하는 '매각물건명세서의 작성에 중대한 흠이 있다'는 사유를 들어 매각허가에 대한 이의신청을 했어야 했는데 실수로 이를 놓쳤거나 이러한 사유를 알지 못하였고, 결과적으로 매각허가결정이 확정되었으므로 매각 대금을 납부해야 합니다.

결국 귀하의 매각허가결정 취소 신청은 기각될 것이고, 매각대금을 기한 내에 납부하지 않으면 입찰보증금 2억 5천만원은 법원에 몰취됩니다.

그런데 만일 매각대금은 납부하지 않아 2억 5천만원을 몰취당하는 손해가 매각대금을 납부하고 소유권을 취득한 후 관할 관청에 용도변경 허가를 받는 데 드는 비용보다 크거나 같다면 매각 대금을 납부하는 것이 바람직합니다.

사례는 부동산 경매절차에 참여하는 매수인이 건축물 대장을 발급받는 주의를 소홀히 하여 발생하는 손해가 얼마나 큰지를 알 수 있는 경우라 할 것입니다.

상황 5.
최고가 매수신고인이 입찰표를
수정했어요

Q

저는 황채무씨 소유의 건물에 대한 강제경매 절차에 참여하여 입찰하였습니다. 이 건물의 최저매각가격은 3억 5천만원이었는데, 최고임씨는 입찰표에 매수신청액으로 3억 6천만원, 저는 3억 5천만원을 적었습니다. 이리하여 최고임씨가 최고가 매수신고인이 되었고, 저는 최고임씨가 대금지급기한까지 매각대금을 지급하지 아니하면 저에게 매각허가결정을 해달라고 신고하였습니다.

집행관은 최고가 매수신고인으로 최고임씨의 이름과 가격을 부르고, 차순위 매수신고인으로서 저의 이름과 가격을 부른 후, 매각기일을 종결하였습니다.

그 후 법원은 매각허가결정 여부를 검토하던 중 최고가 매수신고인 최고임씨가 수정펜으로 수정하여 매수가격을 적은 입찰표를 제출하여 매수신고한 것을 발견하였습니다. 이에 법원은 직권으로 매각불허가결정을 하였습니다.

저는 차순위 매수신고인으로서 매각허가결정을 받을 수 있을까요?

A

부동산 경매절차에서 최고가 매수신고인에 대한 매각이 불허가

된 경우에는 집행법원은 차순위 매수신고인이 있다고 하더라도 그에게 매각허가결정을 하여서는 안 되고 새로 매각을 실시하여야 합니다. 따라서 귀하는 매각허가결정을 받을 수 없습니다.

매수신고인과 매수인

최고가 매수신고인이란 매각기일의 절차에서 집행관에 의하여 최고가 매수신고인으로 이름과 가격이 불리어진 자를 말하고, 차순위 매수신고인이란 매각기일의 절차에서 집행관에 의하여 차순위 매수신고인으로 이름과 가격이 불리어진 자를 말합니다.

차순위 매수신고는 최고가 매수신고인이 대금납부를 하지 않는 경우 재매각 절차를 거치지 아니하고 차순위 매수신고인에게 매각을 허가하여 절차 지연을 방지하기 위한 제도입니다(민집 114조).

차순위 매수신고는 그 신고액이 최고가 매수신고액에서 그 보증액을 뺀 금액을 넘는 때에만 할 수 있습니다(민집 115조 1항 및 2항). 차순위 매수신고를 한 사람이 2인 이상인 때에는 신고한 매수가격이 높은 사람을, 같은 때에는 추첨에 의하여 정하고(민집 115조 2항), 차순위 매수신고인이 있는 경우에 경매를 취하하려면 그 사람의 동의를 얻어야 합니다.

매수인이란 최고가 매수신고인 또는 차순위 매수신고인 중 매각허가결정이 확정된 자를 말합니다.

기일입찰 방법

한편, 기일입찰에서의 입찰은 매각기일에 매수신청 보증과 함께 입찰표를 집행관에게 제출하는 방법으로 하며, 입찰은 취소·변경 또는 교환할 수 없습니다(민집규 62조 1항 및 6항).

사례와 같이 매수신고인이 입찰표에 입찰가격을 수정펜으로 수정하여 입찰가격을 정정하는 등으로 매수신고한 것을 발견하였다면, 집행관은 정정인 날인 여부를 불문하고 개찰에서 제외해야 합니다(대법원 재판예규 제1442호 별지 3).

그런데 사례에서는 집행관이 이를 발견하지 못하고, 최고가 매수신고인으로 최고임씨의 이름과 가격을 부른 채 매각기일을 종결한 것입니다.

매각허가에 대한 이의신청

매각기일이 종결되고 난 후 집행법원은 그날부터 1주일 이내에 최고가 매수신고인에 대한 매각허가 여부를 결정(민집 109조 1항)하는데, 이때 이해관계인은 자신의 권리에 관한 이유에 한하여 매각허가에 대한 이의 신청을 할 수 있습니다(민집 121조 및 122조 참조).

이의신청 사유에 관하여 민사집행법 제121조 제1호 내지 제6호는 개별적으로 규정하는 한편, 제7호는 '경매절차에 그 밖의 중대한 잘못이 있는 때'에도 매각허가에 대한 이의 신청을 할 수 있음을 규정하고 있습니다.

이와 같은 이의 신청 사유가 있을 때, 법원은 이해관계인의 이의신청이 없더라도 직권으로 매각불허가결정을 하여야 합니다(민집 123조 2항).

따라서 당초 입찰가격을 수정펜으로 수정하여 새로운 입찰가격을 적은 입찰표를 제출한 것은 '경매절차에 그 밖의 중대한 잘못이 있는 때'에 해당하므로 법원은 직권으로 매각불허가결정을 하여야 합니다.

차순위 매수신고인에 대한 매각허가 가부

이 경우 경매절차 진행의 신속성과 효율성을 고려하여 새로운 매각 절차를 진행할 것이 아니라, '차순위 매수신고인이 있는 경우에 매수인이 대금지급기한까지 그 의무를 이행하지 아니한 때에는 차순위 매수신고인에게 매각을 허가할 것인지를 결정하여야 한다'는 규정(민집 137조 1항 본문)을 원용하여 법원이 차순위 매수신고인인 귀하에게 매각허가결정을 하여 줄 수도 있지 않을까 생각할 수 있습니다.

그러나 민사집행법 제137조 제1항의 취지는 매수인이 대금을 지급하지 않음으로써 매각대금의 일부가 되는 매수신청의 보증금과 차순위 매수신고인의 매수신고액의 합이 최고가 매수신고인의 매수신청액을 초과하므로(민집 114조 2항 참조) 재매각을 실시하지 아니하고 당해 경매절차를 속행할 수 있도록 하는 데 있습니다. 최고가 매수신고인에 대한 매각불허가가 있는 경우에는 그 매수신청의 보증금이 매각대금에 포함되지 아니하므로 이 규정을 적용할 수는 없습니다(대법원 2010마1793 결정).

따라서 법원은 최고가 매수신고인 최고임씨에 대하여 매각을 허가하지 않았더라도 차순위 매수신고인인 귀하에게 매각허가결정을 할 수 없고, 새로운 매각을 실시하여야 합니다.

이 경우 법원은 최저매각가격을 상당히 낮추고, 새매각기일을 정하므로(민집 119조), 귀하는 최저매각가격이 낮추어진 상태에서 새로 정해진 매각기일에 입찰할 수 있습니다.

상황 6.
근저당권이 소멸되어 임차보증금을
인수하게 됐어요

Q

저는 하늘은행을 1순위로 한 채권최고액 3억 5천만원의 근저당권이 설정되어 있고, 그 다음으로 대항요건을 갖추고 임차보증금이 1억원인 남차임씨의 임차권이 있으며, 2순위로 대지은행의 채권최고액 1억원의 근저당권이 설정된 아파트의 임의경매 절차에 참여하여 최고가 매수신고인이 되었고, 매각허가결정이 확정되었습니다.

매각대금 납부를 준비하면서 위 아파트의 권리관계를 재차 확인하기 위해 등기사항 전부증명서를 발급받아 살펴보니 1순위 근저당권인 하늘은행의 근저당권설정등기가 말소되어 있음을 발견하였습니다.

매각허가결정이 확정된 후 1순위 근저당권이 소멸되어 남차임씨의 임차권의 대항력이 존속하게 됨으로써 저는 임차보증금 1억원을 떠안을 상황이 되었습니다.

저는 매각허가결정 취소 사유인 '부동산에 관한 중대한 권리관계의 변동이 있을 때'에 해당한다는 이유로 법원에 매각허가결정 취소를 구할 수 있을까요?

선순위 근저당권이 존재하기 때문에 후순위 임차권의 대항력이 소멸하는 것으로 알고 부동산을 매수하여 매각허가결정이 확정되었는데, 특정한 사유로 선순위 근저당권이 소멸되어 임차권의 대항력이 존속하는 것으로 변경됨으로써 매각부동산의 부담이 현저히 증가한 경우는 매각허가결정 취소 사유인 '부동산에 관한 중대한 권리관계의 변동이 있을 때'에 해당합니다. 따라서 귀하는 법원에 매각허가결정 취소를 구할 수 있습니다.

사례에서 매각허가결정이 확정된 후 귀하가 매각대금을 지급하는 순간까지 하늘은행의 1순위 근저당권에 변동이 없다면 임차인 남차임씨는 귀하에게 대항력이 없습니다. 따라서 귀하는 매각대금 지급 후 남차임씨에게 아파트의 인도를 요구할 수 있습니다. 그러나 귀하가 매각대금을 지급하기 전에 하늘은행의 1순위 근저당권이 어떤 이유로든 소멸하였다면 남차임씨의 대항력은 존속하게 됩니다.

이 경우 귀하가 매각대금을 지급하면 귀하는 임대인의 지위를 승계하게 되므로, 남차임씨는 임차권자로서 대항력을 주장할 수 있고, 임차보증금 1억원을 받지 않는 한 아파트의 인도를 거부할 것입니다.

소멸주의와 인수주의

매각 부동산이 부담하는 저당권 등 특정 권리를 매각에 의하여 소멸시키고 매수인이 이러한 부담이 없는 상태에서 부동산의 소유권을 취득하는 것을 소멸주의라 하고, 매각 부동산에 압류채권자의 채권에 우선하는 채권이 있는 경우 이에 대한 부담을 소멸시키지 않고 매수인이 인수하는 것을 인수주의라고 합니다.

매각부동산 위의 모든 저당권은 매각으로 소멸됩니다(민집 91조 2항). 이때 지상권·지역권·전세권 및 등기된 임차권[17]은 저당권·압류채권·가압류채권에 대항할 수 없는 경우에는 매각으로 소멸됩니다(민집 91조 3항). 그러나 이러한 지상권 등이 저당권·압류채권·가압류채권보다 선순위인 경우, 즉 이에 대항할 수 없는 경우에는 소멸하지 않으며, 매수인이 인수합니다.

한편, 저당권 등에 대항할 수 없는 전세권과 달리 최선순위 전세권의 경우에는 전세권자가 배당요구를 하면 매각으로 소멸합니다(민집 91조 4항 단서). 즉, 전세권자가 배당요구를 하지 않으면 전세권은 매수인에게 인수됩니다. 유치권은 매각에 의하여 소멸되지 않고 매수인에게 인수됩니다.

이러한 소멸주의 원칙에 따라 귀하가 매각대금을 납부하면 매각대상 부동산에 있는 하늘은행과 대지은행의 근저당권은 모두 소멸하고, 남차임씨의 임차권 역시 1순위인 하늘은행의 근저당권에 대항할 수 없으므로 소멸합니다.

이는 매각으로 인하여 선순위 근저당권이 소멸하면 그보다 후순위인 대항력을 갖춘 임차권도 선순위 근저당권이 확보한 담보가치를 보장하기 위하여 그 대항력을 상실하기 때문입니다.

---

17) 임차권이 등기되지 않더라도 임차인이 임차 부동산의 인도와 주민등록(사업자등록)을 마친 때에는 그 다음날부터 대항력이 발생(주택임대차보호법 3조 1항, 상가임대차보호법 3조 1항)하므로 등기된 임차권과 동일한 효력이 있다.

그러나 매각으로 인하여 근저당권이 소멸하는 것으로 예상되었다가 매각허가결정 확정 이후 매각대금 납부 이전에 특정한 사유로 이 근저당권이 소멸하면 대항력 있는 임차권의 존재로 인하여 담보가치의 손상을 받을 선순위 근저당권이 없게 되므로 임차권의 대항력은 소멸하지 않습니다(대법원 98마1031 결정 참조).

따라서 귀하가 매각대금을 지급하기 전에 하늘은행의 1순위 근저당권이 말소되었다면 남차임씨의 대항력은 계속 존속하게 되고, 귀하는 임차보증금 반환의무를 승계[18]하게 되는데 이는 부동산의 권리관계에 영향을 주므로 이러한 사실을 들어 법원에 매각허가결정 취소를 구할 수 있는지가 문제 됩니다. 즉, 민사집행법 제121조 제6호의 '부동산에 관한 권리관계의 중대한 변동'에 해당하는지가 쟁점입니다.

중대한 권리관계의 변동

'부동산에 관한 중대한 권리관계의 변동'이라 함은 다음과 같습니다. ① 부동산에 물리적 훼손이 없는 경우라도 선순위 근저당권의 존재로 후순위 처분금지가처분(내지 가등기)이나 대항력 있는 임차권 등이 소멸하는 경우, ② 부동산에 관하여 유치권이 존재하지 않는 것으로 알고 매수신청을 하여 매각허가결정까지 받았으나, 그 이후 선순위 근저당권의 소멸로 인하여 처분금지가처분(내지 가등기)이나 임차권의 대항력이 존속하는 것으로 변경된 경우, ③ 부동산에

---

18) 임차주택(건물)의 양수인(그 밖에 임대할 권리를 승계한 자를 포함한다)은 임대인의 지위를 승계한 것으로 본다(주택임대차보호법 3조 4항, 상가임대차보호법 3조 2항).

관하여 유치권이 존재하는 사실이 새로 밝혀지는 경우. 이와 같이 매수인이 소유권을 취득하지 못하거나 또는 매각부동산의 부담이 현저히 증가하여 매수인이 인수할 권리가 중대하게 변동되는 경우를 말합니다(대법원 2005마643 결정).[19]

따라서 근저당권 소멸로 인한 임차권의 대항력 존속은 매각허가결정 취소 사유인 '부동산에 관한 중대한 권리관계의 변동'에 해당하므로 귀하는 법원에 매각허가결정 취소를 구할 수 있습니다.

부동산 경매에 있어서 최고가 매수인이 되고, 매각허가결정이 확정되었다고 하더라도 매각대금을 납부하는 그 순간까지 등기사항 전부 증명서 발급과 현황 확인 등 수시로 주의를 게을리하지 않아야 한다는 점을 일깨우는 사례라 할 것입니다.

만일 매각 대금 납부 전에 등기사항 전부증명서를 발급받아 확인하지 않았다면 임차보증금 1억원을 인수하는 손해를 입었을 것입니다. 생각만 해도 아찔한 상황입니다.

---

[19] 한편, 부동산 임의경매 절차에서 매수신고인이 당해 부동산에 관하여 유치권이 존재하지 않는 것으로 알고 매수신청을 하여 이미 최고가 매수신고인으로 정하여졌음에도 그 이후 매각결정기일까지 사이에 유치권의 신고가 있을 뿐만 아니라 그 유치권이 성립될 여지가 없음이 명백하지 아니한 경우, 집행법원으로서는 장차 매수신고인이 인수할 매각부동산에 관한 권리의 부담이 현저히 증가하여 민사집행법 제121조 제6호가 규정하는 이의 사유가 발생된 것으로 보아 이해관계인의 이의 또는 직권으로 매각을 허가하지 아니하는 결정을 하여야 한다(대법원 2005마643 결정 참조).

상황 7.
채무자 겸 공유자가
공유자 우선매수 신청을 했어요

Q

이 상가 건물은 당초 남편 김남건씨와 아내 황공채씨가 지분 2분의 1씩 공동으로 소유하고 있었습니다. 그런데 김남건씨는 하늘은행으로부터 대출을 받으면서 하늘은행에 자신의 소유지분(1/2)에 대해 근저당권을 설정해주었습니다.

그 후 김남건씨는 사망하였고, 김남건씨 소유 지분은 상속법이 정한 대로 아내 황공채씨가 6분의 2, 아들 김한정씨가 6분의 1을 각 상속하여 공유자가 되었습니다. 이와 동시에 김남건씨가 하늘은행에 부담하고 있던 근저당권 채무도 각 지분만큼 상속하여 공동 채무자가 되었습니다.

이리하여 근저당권이 설정되어 있지 않은 6분의 3 지분은 황공채씨 소유이고, 근저당권이 설정되어 있는 6분의 3 지분은 황공채씨와 김한정씨의 공유 관계가 되어, 이 건물의 지분 현황은 황공채씨가 6분의 5, 김한정씨가 6분의 1이 되었습니다.

한편, 김남건씨의 근저당권 채무가 연체되자 하늘은행은 황공채씨와 김한정씨를 채무자로 하여 이들이 상속한 김남건씨의 지분(1/2)에 대해 임의경매를 신청하였고, 집행법원은 경매개시결정을 하였습니다.

이 경매절차에 참여한 저는 최고가 매수금액을 신고하였는데 황공채씨는 공유자로서 법원에 우선매수 신고서를 제출하였습니다. 이에 법원은 황공채씨가 이 상가 건물의 공유자로서 우선권이 있다는 이유로 그를 최고가 매수인으로 하고, 저를 차순위 매수인으로 하는 매각허가결정을 하였습니다.

저는 황공채씨가 채무자이므로 매각 부동산을 취득할 자격이 없고, 그를 최고가 매수신고인으로 한 매각허가결정은 위법하다며 법원에 이의 신청을 하려고 합니다.

저의 이의 신청은 받아들여질 수 있을까요?

황공채씨는 채무자로서 매수신청이 금지된 자에 해당하여 이 상가 건물을 매수할 자격이 없습니다. 따라서 황공채씨가 이 건물의 공유자로서 우선매수권을 행사하고 법원이 매각허가결정을 하면 귀하는 이에 대해 이의 신청을 할 수 있고, 법원은 매각허가결정을 취소해야 합니다. 그러나 매각허가결정이 취소된다고 하더라도 귀하가 최고가 매수신고인으로 매각허가결정을 받을 수는 없으며 법원은 새매각 기일을 진행해야 합니다.

사례에서 황공채씨는 근저당권에 의한 임의경매 절차가 진행된 지분에 있어서는 채무자 겸 공유자(지분 2/6)이나 근저당권이 설정되지 아니하여 경매 대상이 되지 않은 지분에 있어서는 채무자 아닌 단순 공유자(지분 3/6)입니다.

따라서 황공채씨를 건물 전체의 관념에서 공유자로 보고 그가 공유자 우선매수 신청을 할 경우 이를 인정할지, 아니면 그도 지분 경매 절차에서는 어쨌든 채무자이기 때문에 매수인의 자격이 없다고 보고 공유자 우선매수 신청을 인정하지 않을 것인지가 문제 됩니다.

공유자 우선매수권

공유자 우선매수권 제도(민집 140조)는 우리나라의 특유한 제도입니다. 공유자는 공유물 전체를 이용 관리하는 데 있어서 다른 공유자와 협의하여야 하고(민법 265조) 그 밖에 다른 공유자와 인적인 유대관계를 유지할 필요가 있습니다. 따라서 공유지분의 매각으로 인하여 새로운 사람이 공유자가 되는 것보다 기존의 공유자에게 그 공유지분을 매수할 수 있는 우선권을 주는 것이 타당하다는 데 이 제도의 취지가 있습니다.

따라서 공유자는 매각기일까지 매수신청의 보증(민집 113조)을 제공하고, 최고매수신고가격과 같은 가격으로 채무자의 지분을 우선매수하겠다는 신고를 할 수 있습니다(민집 140조 1항). 우선매수의 신고는 집행관이 매각기일을 종결한다는 고지를 하기 전까지만 할 수 있는데, 이 경우 법원은 최고가 매수신고가 있더라도 그 공유자에게 매각을 허가하여야 합니다(민집규 76조).[20]

다만, 매각기일 전에 미리 우선매수권을 행사하였다고 하여도 매각기일 종결의 고지 전까지 보증을 제공하지 않으면 우선매수권

---

[20] 공유물 분할판결에 기하여 공유물 전부를 경매에 붙여 그 매각대금을 분배하기 위한 현금화의 경우에는 공유자 우선매수가 적용되지 않는다(대법원 91마239 결정).

행사의 효력이 발생하지 않습니다.

공유자가 우선매수신고를 하였으나 다른 매수신고인이 없는 때에는 최저매각가격을 최고매수신고가격으로 보아, 우선매수를 인정합니다. 이는 최고가 매수신고인이 없는 때에는 최저매각가격을 상당히 낮추어 새매각 기일을 진행하게 될 것인 바(민집 119조), 그것보다는 공유자가 최저매각가격으로 매수하는 것이 경매 신청인 및 채무자 등 이해관계인에게 유리하기 때문입니다.

공유자 우선매수신고와 최고가 매수신고인

공유자 우선매수신고가 있을 경우, 최고가 매수신고인은 자신을 차순위 신고인으로 취급하여 달라는 신고나 의사표시가 없어도 절차상 차순위 매수신고인으로 취급됩니다(민집 140조 4항).[21]

이 경우 최고가 매수신고인은 자신의 의사와 관계없이 우연한 사정에 따라 최고가 매수신고인이 되지 못하게 될 뿐 아니라, 차순위 매수신고인이 되어 매수의 보증도 돌려받지 못하는 불합리한 위치에 놓이게 됩니다.

따라서 최고가 매수신고인을 차순위 매수신고인으로 보게 되는 경우 그 매수신고인은 집행관이 매각기일을 종결한다는 고지를 하

---

[21] 공유자의 우선매수권은 일단 최고가 매수신고인이 결정된 후에 공유자에게 그 가격으로 매수할 수 있는 기회를 부여하는 제도이므로, 공유자의 우선매수신고 및 보증의 제공은 집행관이 매각의 종결을 선언하기 전까지이면 되고 매각마감시각까지로 제한할 것은 아니며, 민사집행법 제140조 제1항 및 제2항은 공유자가 우선매수권을 행사한 경우 법원은 그 공유자에게 매각을 허가하여야 한다고 규정하고 있고, 최고가 매수인으로 하여금 당해 매각기일에서 더 높은 매수가격을 제시하도록 하는 것은 경매의 본질에 반하는 것이며, 공유자와 최고가 매수인만이 참여하여 더 높은 매수가격을 제시할 수 있는 새로운 매각기일 등에 관한 절차규정도 없으므로, 공유자가 우선매수권을 행사한 경우에 최고가 매수인은 더 높은 입찰가격을 제시할 수 없다(대법원 2004마581 결정).

기 전에 차순위 매수신고인의 지위를 포기할 수 있습니다(민집 76조 3항).

정부는 2013년 10월 8일, 그동안 공유자가 우선매수신고를 한 후, 매각기일 종결일까지 보증금과 매각대금을 납부하지 아니함으로써 다른 사람의 경매참여를 방해하고 경매절차를 지연시키는 수단으로 악용되는 문제점[22]을 해결하기 위해 민사집행법 개정안을 국회에 제출하였습니다.[23] 공유자의 우선매수권 행사를 한 차례로 제한하기로 하고 우선매수신고를 한 공유자가 매각기일 종결 고지 시까지 보증을 제공하지 아니하거나 신고를 철회하는 경우에는 이후의 매각 절차에서 우선매수신고를 더 이상 하지 못하도록 하는 내용입니다.

사례에서는 황공채씨가 왜 굳이 공유자 우선매수 신청을 하였는지가 의문입니다.[24] 매각 대상이 된 지분에 대한 피담보 채무를 하늘은행에 변제하고, 하늘은행에 경매 취하를 요구하거나 하늘은행

---

[22] 공유자가 여러 차례 우선매수신고만을 하여 일반인들이 매수신고를 꺼릴 만한 상황을 만들어 놓은 뒤, 다른 매수신고인이 없을 때는 보증금을 납부하지 않는 방법으로 유찰되게 하였다가 다른 매수신고인이 나타나면 보증금을 납부하여 자신에게 매각을 허가하도록 하는 것은 민사집행법 제108조 제2호의 '최고가 매수신고인의 매각의 적절한 실시를 방해한 사람'에 해당하므로 매각불허가 사유에 해당한다(대법원 2008마637 결정).

[23] 민사집행법 제140조 제1항 개정안(공유자는 매각기일까지 제113조에 따른 보증을 제공하고 최고 매수신고가격과 같은 가격으로 채무자의 지분을 우선매수하겠다는 신고를 한 차례에 한정하여 할 수 있다. 이 경우 신고를 한 공유자가 제115조 제1항에 따른 매각기일의 종결 고지 시까지 보증을 제공하지 아니하거나 신고를 철회하는 경우에는 그 공유자는 이후의 경매절차에서 우선매수하겠다는 신고를 하지 못한다)은 19대 국회에서 통과되지 못하였고 회기종료로 자동폐기되었는 바, 공유자의 우선매수권 행사를 제한함으로써 그 권리가 경매절차의 지연 수단으로 악용되는 문제를 해결할 수 있을 것으로 기대되므로 20대 국회에서는 반드시 통과되어야 한다고 본다.

[24] 수차례 유찰되어 최저매각가격이 낮춰져서 저렴한 가격으로 공유자 우선매수를 할 수 있다손 치더라도 근저당권자인 하늘은행은 경매에서 배당받지 못한 채권 잔액에 대하여 채무자인 황공채씨를 상대로 한 별도의 집행권원을 확보하여 황공채씨가 채무자로 되어있지 않은 3/6지분에 대해서 강제경매를 실행할 수 있다는 점에서 보면 더욱 그러하다.

과 협력하여 매각 대상 공유지분의 근저당권 설정 등기를 말소한 후 그 등기사항 전부증명서를 첨부하여 법원에 집행취소를 구할 수 있기 때문입니다.

생각건대, 황공채씨는 아들인 김한정씨가 소유한 지분 6분의 1까지 자신의 소유지분으로 할 목적으로 공유자 우선매수를 신청하지 않았나 싶습니다. 황공채씨가 매각 대상 지분에 대한 김한정씨의 상속채무를 포함한 피담보 채무 전부를 변제하더라도 김한정씨가 그 소유지분을 황공채씨에게 넘겨주리라고 기대할 수는 없기 때문입니다.

한편, 최고가 매수신고인이 부동산을 매수할 능력이나 자격이 없는 때에는 이해관계인은 매각허가에 대한 이의 신청을 할 수 있습니다(민집 121조 2호). '매수할 능력이 없는 때'는 미성년자, 피한정후견인, 피성년후견인과 같이 독립하여 법률행위를 할 수 있는 능력이 없는 경우를 의미하고, '매수할 자격이 없는 때'는 법률의 규정에 의하여 매각부동산을 취득할 자격이 없거나 그 부동산을 취득하려면 관청의 증명이나 인·허가[25]를 받아야 하는 경우를 의미

---

25) 집행법원이 최고가 매수신고인은 매각결정기일까지 경매대상토지에 관한 농지취득자격증명서를 제출할 것을 특별매각조건으로 정한 경우 최고가 매수신고인이 매각결정기일까지 농지취득자격증명을 제출하지 않았다면 이는 민사집행법 제121조 제2호의 매각불허가사유에 해당하고, 최고가 매수신고인이 농지취득자격증명서의 발급에 필요한 모든 요건을 갖추었음에도 행정청이 부당히 위 증명서의 발급을 거부하여 이를 제출하지 못한 경우도 마찬가지다(대법원 2014마62 결정). 농지취득자격증명이 법률행위의 효력발생 요건은 아니므로 농지취득자격증명 없이 매각허가결정 및 대금납부가 이루어지고 소유권이전등기까지 마쳐졌다면 농지취득자격증명을 그 후에 보완하여도 된다(대법원 2006다27451 판결). 그러나 농지취득자격증명을 제출하지 않았다는 이유로 집행법원이 매각불허가결정을 한 이후, 재항고인이 그 결정에 항고하고 그 항고가 기각되자 재항고하여, 재항고사건이 계속 중에 비로소 농지취득자격증명을 제출하였다고 하더라도, 재항고심은 법률심으로서 사후심이므로 그와 같은 사유는 재항고심의 고려사유가 될 수 없다(대법원 2007마258 결정).

하는 것으로 부동산을 매수할 경제적 능력을 의미하는 것이 아닙니다(대법원 2004마94 결정).

그런데 매각 부동산의 채무자는 매각 절차에서 매수신청을 할 수 없습니다(민집규 59조 1호). 채무자는 매각 부동산을 매수할 경제적 능력이 있다 하더라도 이를 취득할 자격이 없기 때문입니다.

채무자가 매각 부동산을 매수할 돈이 있다면 압류채권자(경매 신청자)에게 변제하는 것이 맞고, 변제할 돈이 없다면 매각대금도 지급하지 못할 가능성이 높기 때문입니다. 매각 부동산을 취득할 자격이 없는 채무자가 최고가 매수신고인이 되었다면 법원은 직권으로 매각을 불허가해야 합니다(민집 123조 2항).

결국 황공채씨는 매수신청이 금지된 채무자로서 매각 부동산을 매수할 자격이 없는 자에 해당하므로 비록 이 건물의 공유자로서 우선매수권을 행사하였다 하더라도 법원은 그를 최고가 매수인으로 매각허가결정을 해서는 안 됩니다.

왜냐하면 민사집행법 제140조에서 공유자 우선매수를 인정하는 취지는 기존의 공유자에게 우선권을 부여하여 그 공유지분을 매수할 기회를 주겠다는 것일 뿐, 채무자에게 매수신청을 금지하는 민사집행규칙 제59조의 규정을 배제하고 채무자 겸 공유자의 지위에 있는 사람에게도 우선매수권을 인정하는 것이 아님이 명백하기 때문입니다(전주지방법원 2008라109 결정).[26]

---

26) 한편, 민사집행법 제139조는 공유물 지분을 경매하는 경우에 다른 공유자의 우선매수권을 보장하는 규정으로서 공유물 전부에 대한 경매에서는 그 적용의 여지가 없고, 공유물 지분의 경매라도 경매신청을 받은 당해 공유자는 우선매수권을 행사할 수 없다(대법원 2008마693 결정). 집행법원이 여러 개의 부동산을 일괄매각하기로 결정한 경우, 집행법원이 일괄매각결정을 유지하는 이상 매각대상 부동산 중 일부에 대한 공유자는 특별한 사정이 없는 한 매각대상 부동산 전체에 대하여 공유자의 우선매수권을 행사할 수 없다(대법원 2005마1078 결정).

그럼에도 불구하고 이를 한 법원에 대해 귀하는 이의 신청을 할 수 있고, 법원은 매각허가결정을 취소해야 할 것입니다.

귀하의 이의 신청으로 매각허가결정을 취소한 법원은 새매각 기일을 진행해야 하고, 귀하는 당초 최저매각가격보다 상당히 낮춰진 가격으로 정해진 최저매각가격을 기준으로 한 새매각 기일에 참여하여 최고가 매수신고를 할 기회를 얻을 수는 있을 것입니다.

제 4 장

집합건물

· · · · ·

상황 1.
대지지분이 이전되어 있지 않은
아파트를 매수했어요

Q

① ㈜부동산개발은 자사가 소유한 대지 3,000㎡에 2006. 7. 10. 대지은행으로부터 대출을 받고 대지은행을 근저당권자로 하는 근저당권 설정등기를 마쳤습니다. 그 후 ㈜부동산개발은 이 대지 위에 15층 아파트를 신축하였는데, 이 아파트에 대한 소유권보존등기가 이루어지기 전에 ㈜부동산개발의 채권자 남채권씨가 2007. 10. 15. 아파트 전체에 대해 부동산가압류를 신청하였습니다.

② 법원은 관할등기소에 이 아파트에 대한 가압류 기입등기를 촉탁하였고, 등기관은 가압류등기를 하면서 직권으로 이 아파트 각 전유부분에 대한 소유권보존등기를 마쳤습니다.[27] 다만, 이 아파트 각 전유부분별 대지권 등기는 직권등기 사항이 아니므로 등기하지 않았습니다.

③ 한편, 김채무씨는 이 아파트 중 1개의 전유부분인 302호를 ㈜부동산개발로부터 매수하고, 2008. 1. 7. 이에 관한 소유권

---

[27] 등기관이 미등기부동산에 대하여 법원의 촉탁에 따라 소유권의 처분제한의 등기를 할 때에는 직권으로 소유권보존등기를 하고, 처분제한의 등기를 명하는 법원의 재판에 따라 소유권의 등기를 한다는 뜻을 기록하여야 한다(부동산등기법 66조 1항).

이전등기와 아울러 이를 담보로 하늘은행으로부터 대출을 받고 이 은행을 근저당권자로 하는 근저당권설정등기를 마쳤습니다.[28] 이 당시 대지사용권을 분리 처분할 수 있다는 약정이나 공정증서는 존재하지 않았습니다.[29]

④ 그 후, 김채무씨가 302호의 대출금 채무를 연체하자, 하늘은행은 302호에 대해 임의경매를 신청하였고, 저는 이 경매절차에서 302호를 매수하여 2010. 2. 5. 소유권이전등기를 마쳤습니다. 그런데 이 경매절차에서는 302호의 대지지분을 제외한 채 전유부분에 대해서만 감정평가가 실시되었고, 최저매각가격에도 대지지분의 평가액은 반영되지 않았으며, 매각허가결정의 부동산 표시에도 전유부분인 302호만 표시되었습니다.

⑤ 한편, ㈜부동산개발이 위 아파트 신축 이전에 소유하고 있던 대지 3,000㎡에 대한 대출금 채무를 연체하자 근저당권자 대지은행은 2010. 3. 5. 법원에 임의경매를 신청하였고, 이 경매절차에서 나대지씨는 대지 3,000㎡를 매수하여 소유권이전등기를 마쳤습니다. 이 대지 3,000㎡ 중 제가 매수한 전유부분 302호가 가지는 대지지분은 3,000분의 33이었습니다.

⑥ 아파트 대지 3,000㎡의 소유권을 취득한 나대지씨는 자신이

---

[28] 추측건대, 전유부분인 302호에 대한 가압류는 ㈜부동산개발이 남채권씨에 대한 변제 등을 함으로써 가압류가 취하 또는 취소되었을 것이고, 이에 따라 하늘은행이 김채무씨에게 대출을 실행했을 것으로 보인다.

[29] 구분소유자는 그가 가지는 전유부분과 분리하여 대지사용권을 처분할 수 없다. 다만, 규약으로써 달리 정한 경우에는 그러하지 아니하다(집합건물의 소유 및 관리에 관한 법률 20조 2항 및 4항, 이하 '집합건물법').

아파트 대지 전체에 대한 소유권자이고, 저는 전유부분 302
호에 대한 대지사용권이 없으므로 302호의 소유에 필요한 대
지지분 3,000분의 33을 시세보다 비싼 값에 사거나 토지 임차
료를 줄 것을 요구하고 있습니다.

저는 이를 거부할 수 없는가요?

소멸한 근저당권에 의한 경매절차에서의 매수인인 나대지씨는
302호의 대지지분에 대한 소유권을 취득할 수 없습니다.

한편 전유부분인 302호를 매수하여 소유권이전등기를 마친 귀
하는 전유부분의 대지사용권에 해당하는 대지지분에 관한 이전등
기를 마치지 아니하였음에도 대지지분에 대한 소유권을 취득하였
습니다. 따라서 나대지씨의 요구를 거부할 수 있고, 302호의 대지
지분에 대한 소유권자로서의 권리를 행사할 수 있습니다.

사례에서는 ① 토지 소유자가 건축한 집합건물의 전유부분을 매
수하여 소유권이전등기를 마친 사람이 전유부분[30]의 대지사용권
에 해당하는 대지지분에 관한 이전등기를 마치지 않은 경우, 매수
인은 전유부분에 수반하여 대지지분에 대한 소유권도 취득하였다
고 할 수 있는지 ② 전유부분 대해서만 설정된 저당권에 의한 경매

---

30) 1동의 건물 중 구조상 구분된 여러 개의 부분이 독립한 건물로서 사용될 수 있을 때에는 그 각
부분은 각각 소유권의 목적으로 할 수 있는데, 각 건물부분을 소유권의 목적으로 하는 것을 구
분소유권이라고 하고, 구분소유권의 목적인 건물부분을 전유부분이라 한다(집합건물법 1조 및
2조 1호, 2호 참조).

절차에서 전유부분을 매수한 사람이 대지지분에 대한 소유권도 함께 취득하는지 ③ 대지사용권 성립 이전에 대지에 관하여 설정된 저당권이 전유부분의 대지지분 범위 내에서 전유부분의 경매에 의한 매각으로 소멸하는지가 문제 됩니다.

대지사용권·대지권

대지사용권이란 구분소유자가 전유부분을 소유하기 위하여 건물의 대지에 대하여 가지는 권리를 말하고(집합건물법 2조 6호), 대지권이란 구분건물의 대지사용권으로서 건물과 분리하여 처분할 수 없는 토지에 관한 권리를 말합니다(부동산등기법 40조 3항).

대지 소유자인 ㈜부동산개발이 이 대지 위에 아파트를 신축하고, 등기관이 직권으로 각 전유부분을 이 회사 명의로 소유권 보존등기하였으므로, ㈜부동산개발의 대지소유권은 구분소유자가 전유부분을 소유하기 위하여 건물의 대지에 대하여 가지는 권리인 대지사용권에 해당합니다.

대지사용권은 전유부분의 처분에 따르고 규약이나 공정증서로써 달리 정하는 등의 특별한 약정이 없는 한 전유부분과 분리하여 처분할 수 없으므로(집합건물법 20조 1항 및 2항 참조), 즉 전유부분과 종속적 일체불가분성이 인정되므로 전유부분에 대한 경매개시결정과 압류의 효력은 종물 또는 종된 권리인 대지사용권에도 미칩니다.

이로써 대지소유권을 가진 집합건물의 건축자로부터 전유부분을 매수하여 그에 관한 소유권이전등기를 마친 매수인은 전유부분의 대지사용권에 해당하는 대지지분에 관한 이전등기를 마치지 아니한 때에도 대지지분에 대한 소유권을 취득합니다(대법원 2012다 103325 판결).

따라서 김채무씨는 채권자 남채권씨의 부동산 가압류 신청에 의한 법원의 가압류등기 촉탁에 따라 등기관이 직권으로 소유권보존등기를 한 상태에서 302호를 ㈜부동산개발로부터 매수하고 소유권이전등기를 하였으나 전유부분의 대지사용권에 해당하는 대지지분에 관한 이전등기는 하지 않았음에도 불구하고 302호에 대지지분에 대한 소유권을 취득하였습니다.

추측건대, 김채무씨는 이 아파트 대지에 근저당권이 설정되어 있어서 경매에 의해 이 대지가 매각될 경우 ㈜부동산개발이 대지의 소유권을 잃을 수 있다는 판단 또는 규약 등 특별한 약정이 없이도 대지사용권의 분리 처분이 가능하다는 판단으로 전유부분인 302호만을 싼값에 매수하기로 했을 것입니다. 그리고 그 대지지분은 나중에 취득할 계획이었거나 대지지분에 관한 소유권이 없어도 302호를 사용·수익할 수 있다고 보고 채무과다 등으로 사정이 어려운 ㈜부동산개발의 상황을 이용한 것으로 보입니다.

한편, 동일인 소유인 전유부분과 대지지분 중 전유부분만에 관하여 설정된 저당권의 효력은 규약이나 공정증서로써 달리 정하는 등의 특별한 사정이 없는 한 종물 내지 종된 권리인 대지지분에까지 미치므로, 전유부분에 설정된 저당권에 의한 경매절차에서 이 전유부분을 매수한 매수인은 대지지분에 대한 소유권을 함께 취득합니다.

대지사용권 성립 이전의 대지에 관한 저당권

아울러, 대지사용권의 성립 이전에 대지에 관하여 설정된 저당권은 경매절차에서 대지에 관한 저당권을 존속시켜 매수인이 인수하게 한다는 특별매각조건이 없는 이상 대지지분의 범위에서는 '매각부동산 위의 저당권'에 해당하여 매각으로 소멸합니다(민집 91조 2항).

이러한 대지지분에 대한 소유권 취득이나 대지에 설정된 저당권의 소멸은 전유부분에 관한 경매절차에서 대지지분에 대한 평가액이 반영되지 않았다거나 대지 저당권자가 배당받지 못하여도 달라지지 않습니다(대법원 2012다103325 판결).

김채무씨는 대지사용권의 분리처분이 가능하도록 규약이나 공정증서로써 정하였다는 사정이 없으므로 302호의 대지지분에 관하여 이전등기를 마치지는 아니하였음에도 불구하고 아파트 대지의 소유자로서 대지사용권을 가지고 있던 ㈜부동산개발로부터 이를 매수하여 그에 관한 소유권등기를 마침으로써 302호 대지지분에 대한 소유권도 취득하였습니다.

그 후 귀하는 이 302호에 설정된 근저당권에 의한 경매절차에서 302호를 매수하여 매각대금을 납부하였으므로 302호에 대한 소유권과 그 대지지분에 대한 소유권을 취득하였습니다.

한편, 302호에 관한 경매절차에서 아파트 전체 대지에 대한 대지은행의 근저당권을 존속시켜 매수인인 귀하에게 인수하게 한다는 특별매각 조건이 없었으므로 귀하가 302호의 매각대금을 완납함으로써 대지은행의 근저당권은 302호의 대지지분의 범위 내에서는 소멸하였습니다. 따라서 나대지씨는 302호의 대지지분 3,000분의 33에 대하여 소유권을 취득할 수 없습니다.

귀하는 나건축씨에게, 김채무씨를 거쳐 귀하에게 순차로 302호의 대지지분 3,000분의 33에 대한 소유권이전등기를 하여 줄 것을 청구하거나 나건축씨에게 대지권변경등기를 하여 줄 것을 청구할 수 있습니다.[31]

나대지씨는 302호에 대한 대지지분의 소유권을 취득하지 못하였으므로 이 대지지분의 범위 내에서 매각대금을 반환받아야 하는데, 배당받은 대지은행 기타 채권자 등을 상대로 부당이득반환을 청구하여야 할 것입니다.

결국 나대지씨는 15층 아파트 302호뿐만 아니라 다른 전유부분에 대하여도 대지지분에 관한 소유권을 취득할 수 없는 상황이라고 할 것입니다.

부동산 경매절차에서 종종 매각 대상 아파트의 매각물건명세서에 '대지권은 미등기이나 감정평가에는 반영하였음' 또는 '대지권은 미등기임'이라고 기재된 경우를 볼 수 있습니다.

이 경우 매수희망자는 당해 아파트의 건축물 대장과 토지대장을 발급하여 아파트 건축 당시 토지 소유자와 아파트 보존등기 명의인이 동일인지 여부를 살펴본 후 동일인이라면 대지권이 미등기되어 있는 상태라도 해당 전유부분의 대지사용권을 취득할 수 있다

---

31) 집합건물의 분양자가 수분양자에게 대지지분에 관한 소유권이전등기나 대지권변경등기는 지적정리 후 해 주기로 하고 우선 전유부분에 관하여만 소유권이전등기를 마쳐 주었는데, 그 후 대지지분에 관한 소유권이전등기나 대지권변경등기가 되지 아니한 상태에서 전유부분에 대한 경매절차가 진행되어 제3자가 전유부분을 매수한 경우, 그 매수인은 집합건물법 제2조 제6호의 대지사용권을 취득하고, 이는 수분양자가 분양자에게 그 분양대금을 완납한 경우는 물론 그 분양대금을 완납하지 못한 경우에도 마찬가지이다. 따라서 그러한 경우 매수인은 대지사용권 취득의 효과로서 분양자와 수분양자를 상대로 분양자로부터 수분양자를 거쳐 순차로 대지지분에 관한 소유권이전등기절차를 마쳐줄 것을 구하거나 분양자를 상대로 대지권변경등기절차를 마쳐줄 것을 구할 수 있다(대법원 2004다58611 판결).

는 점을 고려하여야 합니다.

　대지권 미등기 아파트라도 위와 같은 사정을 잘 고려한다면 불안하다고 망설일 필요 없이 적극적으로 매수에 임함으로써 보다 높은 수익 창출을 기대할 수 있다 할 것입니다.

상황 2.
집합건물의 대지 공유지분만을 매수했어요

Q

① 나건축씨는 2011. 2. 10. 자신 소유의 1,000㎡의 땅 위에 4층 짜리 집합건물 8개 호실을 신축한 후 구분소씨 등 8명에게 분양하고 전유부분인 각 호실의 건물 소유권과 대지 지분 소유권을 각각 1,000분의 100씩 합계 1,000분의 800을 이전등기하여 주었습니다. 나머지 1,000분의 200은 증축을 위해 자신의 지분으로 남겨두었습니다.

② 같은 날, 나건축씨는 자신이 가지고 있는 대지 지분 1,000분의 200을 담보로 대지은행으로부터 3억원을 대출받으면서 근저당권 설정등기를 마쳐주었습니다.

③ 나건축씨가 대출 원리금을 연체하자 대지은행은 위 근저당권에 의한 담보권 실행 경매를 신청하여 2015. 10. 1. 부동산 경매개시결정이 이루어졌고, 이 경매절차에서 저는 나건축씨의 대지 공유지분 1,000분의 200을 매수 후 매각대금을 납부하고 소유권이전등기를 마쳤습니다.

④ 현재 구분소씨 등 각 호실별 전유부분의 소유자들은 이 건물의 대지 지분 중 저의 공유지분인 1,000분의 200을 독점적·배타적으로 사용하고 있고, 저는 이 건물의 전유부분을 소유하

지 않아 대지를 사용하지 못하는 것은 물론, 대지를 이용한 수익을 창출하지도 못하고 있습니다.

⑤ 구분소씨 등은 저의 공유지분에 해당하는 토지지분을 사용·수익하면서 법률상 원인 없이 부당하게 이익을 취하고 있는 것입니다.

저는 이들에게 지료 또는 임료 상당의 부당이득 반환을 청구할 수 있을까요?

대지은행이 신청한 경매절차에서 대지의 공유지분만을 취득하여 대지에 대한 공유지분은 있으나 건물의 구분소유자가 아니므로 귀하는 대지를 전혀 사용·수익하지 못하고 있습니다. 따라서 귀하는 구분소씨 등을 상대로 공유지분권에 터 잡아 지료 또는 임료 상당의 부당이득 반환을 청구할 수 있습니다.

공유

공유란 물건을 여러 사람이 지분 형태로 소유하는 것(민법 262조 1항 참조)으로, 공유자는 공유물 전부를 지분의 비율로 사용·수익할 수 있으며(민법 263조), 공유자들 사이에 특별한 합의가 없는 한 공유자 중의 일부가 공유토지의 특정 부분을 배타적으로 사용·수익할 수 없습니다(대법원 72다1814 판결 참조).

공유자로서 특정 부분을 전혀 사용·수익하지 못하는 경우에는 공유토지의 그 특정 부분에 대한 배타적 사용·수익자는 이를 사용·수익하지 못하는 공유자에 대한 관계에서 부당한 이득을 얻는 것이 됩니다(대법원 88다카33855 판결 참조).

사례에서 귀하는 구분 건물의 전유부분을 소유하지 않아서 귀하의 토지 지분 1,000분 200을 사용·수익하지 못하는 상황이고, 결과적으로 구분소씨 등이 귀하의 토지 지분을 독점적·배타적으로 사용·수익하고 있습니다.

따라서 토지의 특정 부분이 아닌 다른 사람 지분을 독점적, 배타적으로 사용·수익한 경우에도 부당이득 반환을 청구할 수 있는지가 문제 됩니다.

1동의 건물의 구분소유자들이 당초 건물을 분양받을 당시의 대지 공유지분 비율대로 건물 대지를 공유하고 있는 경우 구분소유자들은 특별한 사정이 없는 한 대지에 대한 공유지분 비율에 관계없이 건물의 대지 전부를 용도에 따라 사용할 적법한 권원이 있으므로 구분소유자들 상호 간에는 대지 공유지분 비율의 차이를 이유로 부당이득반환을 구할 수 없습니다.

그러나 건물의 구분소유자가 아닌 자가 경매절차 등에서 대지의 공유지분만을 취득하게 되어 대지에 대한 공유지분은 있으나 대지를 전혀 사용·수익하지 못하고 있는 경우에는 다른 특별한 사정이 없는 한 대지 공유지분권에 기한 부당이득반환청구를 할 수 있습니다(대법원 2010다108210 판결).

귀하는 구분소씨 등을 상대로 그동안과 앞으로의 지료 또는 차임 상당의 부당이득 반환을 청구할 수 있습니다.

한편, 가령 귀하가 자기 소유 토지 지분에 대한 사용·수익권을 포기하거나 구분소씨 등에게 이에 대한 무상사용·수익권을 주는 약정을 하였다고 하더라도 향후 귀하의 토지 지분을 매매나 경매

등을 통해 매수하는 사람은 이러한 사실을 알고도 이를 취득한 경우가 아닌 한 이 토지 지분에 대한 사용·수익권이 있으므로(대법원 2010다108210 판결 참조) 구분소씨 등에게 부당이득 반환을 청구할 수 있습니다.

사례는 이른바 '특수물건 경매'로, 토지 위에 집합건물의 전유부분을 소유하지 않은 사람의 토지 지분이 매각 대상물이 될 경우, 경매절차에 참여하기는 쉽지 않을 것입니다. 왜냐하면, 토지 위에 집합건물이 있는 경우, 그 토지는 집합건물을 소유하기 위한 용도일 뿐 다른 용도로의 효용가치는 거의 없기 때문입니다. 게다가 토지의 특정 부분이 아닌 지분에 대한 경매이므로 더더욱 경매절차에 참여하기가 어렵다고 할 것입니다.

그럼에도 불구하고 귀하는 집합건물의 전유부분을 소유하고 있지 않으면서도 토지 공유 지분 경매에 참여하여 대지은행이 자신의 채권을 회수할 수 없을 수준(무잉여)이 되어 경매 취소 또는 기각되는 상황에 이르지 않을 정도의 가격으로 토지 지분을 매수하였던 것입니다.

물론 구분소씨 등이 귀하의 권리를 순순히 인정하지 아니하므로 소송 등의 절차를 거쳐야 하겠지만 결과적으로 귀하는 지료 또는 임료 상당의 수익을 얻을 수 있게 될 것이며, '특수물건 경매'를 통해 최적의 수익을 얻게 될 것입니다.

구분소유적 공유

한편, 판례는 민법상의 공유에 '구분소유적 공유'라는 개념을 특별히 인정하고 있습니다. 부동산거래에서 1필지 토지의 위치와 면적을 특정하여 2인 이상이 구분소유하기로 하는 약정을 하고, 분필절차의 어려움과 번거로움 때문에 1필지 전체 면적에 대한 매수부분의 면적에 상응하는 공유지분 등기를 하는데 이를 구분소유적 공유라 하고, 이들 상호간의 관계를 상호명의 신탁으로 보고 있습니다(대법원 2000마2633 결정 등 참조).

예컨대, 갑과 을이 A 토지를 타인으로부터 매수하기로 하면서 A 토지 중 갑은 ㉮부분을, 을은 ㉯부분을 단독으로 소유하기로 하고 약정하되, 소유권 이전 등기에서는 A 토지 전체 면적에 대하여 갑 지분 2분의 1과 을 지분 2분의 1로 등기하는 것입니다.

구분소유적 공유는 일반 공유[32]와 세 가지 차이가 있습니다. ① 일반 공유에서는 공유자 전원이 공유물 전체에 대해 사용·수익함이 보통이나 구분소유적 공유에서는 각 공유자는 자기의 특정 매수 부분을 배타적으로 사용·수익하고 나머지 부분에 대하여는 전혀 사용·수익하지 못하는 점, ② 일반 공유에서는 지분의 처분과 공유물의 처분은 전혀 별개이나 구분소유적 공유에서 그 지분의 이전은 항상 특정 부분의 사용수익권의 이전과 같이 행하여지므로 그 특정 부분 자체가 처분되는 것과 외형상 동일하다는 점, ③ 일반 공유의 지분 비율은 목적물 전체의 가액에 대한 자기 지분의 비례에 의해 결정되는데, 구분소유적 공유에서는 목적물 전체의 면적에 대한 자기 매수부분 면적 비율에 의하여 결정되고 그 결과 같은 지분이라도 그 위치에 따라 가격이 달라진다는 점입니다.

그런데 각 구분소유적 공유자가 자신의 권리를 타인에게 처분하

---

32) 김준호,『민법강의』, 2002년, 559쪽.

는 경우는 두 가지로 나뉩니다. ① 구분소유의 목적인 특정 부분을 처분하면서 등기부상의 공유지분을 그 특정 부분에 대한 표상으로서 이전하는 경우, ② 등기부의 기재대로 1필지 전체에 대한 진정한 공유지분으로서 처분하는 경우입니다.

①의 경우에는 그 제3자에 대하여 구분소유적 공유관계가 승계될 것이나, ②의 경우에는 제3자가 그 부동산 전체에 대한 공유지분을 취득하고 구분소유적 공유관계는 소멸합니다. 이는 경매에서도 마찬가지입니다(대법원 2000마2633 결정 참조).

경매에 있어서 구분소유적 공유관계가 매수인에게 승계되기 위해서는 집행법원이 공유지분이 아닌 특정 구분소유 목적물에 대해 평가하게 하고, 그에 따라 최저매각가격을 정한 후 경매를 실시하여야 합니다.

그렇지 않은 경우 비록 공유자들 간의 관계에서 구분소유적 공유관계에 있다고 하더라도 1필지에 관한 공유자의 지분에 대한 경매목적물은 원칙적으로 1필지 전체에 대한 공유지분이라고 보아야 하고, 구분소유적 공유관계는 소멸합니다(대법원 2001재다701 판결 등 참조).

상황 3.
구조상·이용상 독립성이 없는 구분건물을 매수했어요

Q

① 이건축씨는 2011. 8. 31. 자신 소유 토지 위에 지하 1층 지상 6층의 아파트와 근린생활시설을 신축한 후 1층 근린생활시설 520㎡을 도면상 8칸으로 나누고 101호부터 108호까지 번호를 붙인 뒤 독립된 구분건물로 건축물관리대장에 등재하고, 2011. 9. 5. 각 소유권보존등기를 마쳤습니다.

② 나분양씨는 이건축씨와 2011. 10. 1. 위 구분건물 중 107호(65㎡)와 108호(65㎡)를 한꺼번에 매수하는 매매계약을 체결하였습니다. 이건축씨는 나분양씨의 요구에 따라 107호와 108호를 한 칸으로 사용할 수 있도록 허용하고, 106호와 107호가 구분될 수 있도록 106호와 107호 사이에 칸막이 벽을 설치하여 주었습니다. 그 후, 나분양씨는 107호와 108호를 그 사이에 칸막이 벽이나 경계 등을 설치하지 않고 하나의 점포인 '공구판매점'으로 이용하면서 현재까지 점유하고 있습니다.

③ 한편, 나분양씨가 매매 잔금 중 일부를 미납하게 되자, 이건축씨는 나분양씨에게 2011. 12. 6. 108호만을 소유권이전등기하여 주고, 같은 날 107호는 하늘은행으로부터 대출을 받으면서 근저당권 설정등기를 마쳐 주었습니다.

④ 이건축씨가 107호에 대한 대출채무를 연체하자, 하늘은행은 2013. 3. 5. 107호에 대한 담보권 실행을 위한 경매를 신청하였고, 이 경매절차에서 저는 107호를 매수한 후 2014. 10. 2. 소유권이전등기를 마쳤습니다.

⑤ 그 후 제가 점유자 나분양씨에게 107호의 인도를 요구하자, 나분양씨는 107호가 구조상이나 이용상으로 독립성이 없어 이건축씨의 107호에 대한 소유권보존등기가 무효이고, 이를 담보로 한 근저당권설정 등기 또한 무효이며, 무효인 근저당권에 의한 경매개시결정이 위법하고 이로써 경매절차가 무효이므로 제가 107호의 소유권을 취득할 수 없다고 하면서 이를 거부하고 있습니다.

저는 점유자 나분양씨를 상대로 107호에 대한 인도청구소송을 제기하려는데 이는 인용될 수 있는가요?

귀하가 경매절차에서 매수한 근린생활시설 107호는 구조상으로나 이용상으로 독립성이 없습니다. 건축물관리대장에 독립한 별개의 구분건물로 등재되어 있고, 등기사항 전부증명서에도 구분소유권으로 등기되어 있더라도 귀하는 107호의 소유권을 취득할 수 없습니다. 따라서 나분양씨에게 107호에 대한 인도청구소송을 제기하더라도 승소할 수 없습니다.

구분소유권과 구조상·이용상 독립성

구분소유권이란 1인 또는 수인이 한 동(棟)의 건물을 벽체 등으로 구분하여 독립해서 사용할 때 그 독립한 부분에 대해 인정되는 소유권입니다.

1동의 건물 중 구조상 구분된 여러 개의 부분이 독립한 건물로 사용되거나 1동의 건물이 여러 개의 건물 부분으로 이용상 구분된 경우에는 그 건물 부분은 각각 소유권의 목적이 될 수 있습니다(집합건물법 1조 및 1조의2).

1동 건물의 일부분이 구분소유권의 객체가 될 수 있으려면 그 부분이 구조상으로나 이용상으로 다른 부분과 구분되는 독립성이 있어야 합니다(대법원 99다46096 판결 등 참조).

구조상의 독립성이란 1동의 건물 일부분이 다른 부분과 구분하여 격리시킬 수 있는 벽체 등 시설이 존재하여 독립한 건물로 사용될 수 있는 상태를 말하고, 이용상의 독립성이란 1동의 건물 일부분이 타인을 배제하고 독점적으로 이용될 수 있는 상태를 말합니다.

구조상의 독립성이 있다고 하더라도 이용상의 독립성이 요구되나 구조상의 독립성이 있으면 이용상의 독립성은 이에 수반하므로 문제되지 않습니다. 그런데 이용상의 독립성이 있는데 구조상의 독립성이 없는 경우가 문제 됩니다.

이에 관하여 집합건물법은 예외적으로 구조상의 독립성 요건을 완화하여 일정한 범위의 상가건물 '구분점포'에 한하여 1동의 건물이 여러 개의 건물부분으로 이용상 구분된 경우에는 그 건물부분을 구분소유권의 객체로서 인정하고 있고, 그 요건은 아래와 같습니다(집합건물법 1조의2 및 동법시행령 2조 및 3조 참조).

① 구분점포의 용도가 「건축법」 제2조 제2항 제7호의 판매시설 및 같은 항 제8호의 운수시설(집배송시설은 제외한다)일 것.

② 1동의 건물 중 구분점포를 포함하여 위 판매시설 및 운수시설의 용도에 해당하는 바닥면적의 합계가 1,000㎡ 이상일 것.

③ 경계를 명확하게 알아볼 수 있는 표지를 바닥에 견고하게 설치할 것: 바닥에 너비 3㎝ 이상의 동판, 스테인레스 강판, 석재 그 밖에 쉽게 부식·손상 또는 마모되지 아니하는 재료로서 구분점포의 바닥재료와는 다른 재료로 표지를 설치하되, 경계표지 재료의 색은 건물바닥의 색과 명확히 구분되어야 할 것.

④ 구분점포별로 부여된 건물번호표지를 견고하게 붙일 것: 건물번호표지는 구분점포 내 바닥의 잘 보이는 곳에 설치하여야 하고, 건물번호표지 글자의 가로규격은 5㎝, 세로규격은 10㎝ 이상이어야 하며, 건물번호표지의 재료와 색은 경계표지의 재료 및 색에 관한 규정을 따르고, 구분점포의 위치가 표시된 현황도를 건물 각층 입구의 잘 보이는 곳에 견고하게 설치할 것.

사례에서 귀하가 매수한 107호는 근린생활시설(상가건물)이므로 '구분점포'라 할 수 있습니다. 따라서 이건축씨가 건축한 1층 근린생활시설이 집합건물법 제1조의2의 요건을 충족하였다면 107호는 구분소유권의 객체가 될 수 있습니다.

그런데 이 근린생활시설은 경계표지 및 건물번호 표지가 되어 있는 모습이 보이지 않고 특히, 바닥면적의 합계가 520㎡로 집합건물법 제1조의2에서 요구하는 바닥면적의 합계 1,000㎡에 이르지 못합니다.

따라서 이건축씨가 건축한 근린생활시설은 집합건물법 제1조의2의 요건을 충족하지 못하였고, 그렇다면 107호는 반드시 구조상의 독립성이 있어야 합니다. 그런데 106호와의 사이에는 칸막이 벽을 설치하여 구조상의 독립성이 있으나 108호와의 사이에는 칸막이 벽이 설치되지 아니하여 구조상의 독립성이 없습니다. 게다가 108호와 함께 '공구판매점'으로 이용되고 있어서 이용상의 독립성도 없습니다.

즉, '구분소유권의 객체로서 적합한 물리적 요건을 갖추지 못한 건물의 일부는 그에 관한 구분소유권이 성립할 수 없는 것이어서, 건축물관리대장상 독립한 별개의 구분건물로 등재되고 등기부상에도 구분소유권의 목적으로 등기되어 있어 이러한 등기에 기초하여 경매절차가 진행되어 매각허가를 받고 매수대금을 납부하였다 하더라도, 그 등기는 그 자체로 무효이고 매수인은 소유권을 취득할 수 없으므로(대법원 2009마1449 결정 참조)', 귀하는 107호에 대한 소유권을 취득할 수 없습니다.

귀하가 107호의 소유권을 취득할 수 없음에 따라 이에 대한 구제책이 무엇인지가 문제 됩니다.

매도인의 담보책임

민법에서 규정한 매도인의 담보책임은 경매의 경우에도 적용됩니다(민법 578조). 매각 부동산의 일부가 멸실된 경우(민법 574조), 매각 부동산에 제한물권이 있는 경우(민법 575조), 매각 부동산에 저당권 등이 행사된 경우(민법 576조) 등 매수인이 완전한 권리를 취득할 수 없는 때에 한하여 담보책임이 인정되며, 하자담보책임 규정(민법 580조 2항)[33]은 적용되지 않습니다.

매수인은 1차적으로 채무자에 대하여 민법 제570조 내지 제577조가 규정하는 바에 따라 계약의 해제 또는 대금감액의 청구를 할 수 있고(민법 578조 제1항), 채무자가 무자력인 때에는 매수인은 대금의 배당을 받은 채권자에 대하여 그 대금의 전부 또는 일부의 반환을 청구할 수 있습니다(민법 578조 제2항).

매각 부동산의 채무자나 채권자의 이러한 담보책임은, 경매절차는 유효하게 이루어졌으나 경매의 목적이 된 권리의 전부 또는 일부가 타인에게 속하는 등의 하자로 매수인이 완전한 소유권을 취득할 수 없거나 이를 잃게 되는 경우에 인정되고, 매각 대상 부동산의 소유권이전등기의 말소를 명하는 판결의 확정 등으로 인하여 경매절차 자체가 무효인 경우에는 인정되지 않습니다(대법원 91다21640 판결).

이 경우 매수인은 매각 부동산의 매각대금 중 채무자와 채권자가 교부 또는 배당받은 금액을 민법 제578조의 담보책임이 아닌 민법 제741조의 부당이득의 법리에 의하여 이들에게 반환을 청구할수는 있습니다.

매도인의 담보책임은 경매절차 외에서 별도의 소송에 의하여 청

---

33) 제580조(매도인의 하자담보책임)
　　① 매매의 목적물에 하자가 있는 때에는 민법 제575조 제1항의 규정을 준용한다. 그러나 매수인이 하자가 있는 것을 알았거나 과실로 인하여 이를 알지 못한 때에는 그러하지 아니하다.
　　② 전항의 규정은 경매의 경우에 적용하지 아니한다.

구할 수 있지만 경매절차 진행 중에 담보책임의 사유가 발생할 수 있으므로 경매절차 내에서 청구하는 것도 가능합니다.

① 매각부동산의 권리에 흠이 있어 매수의 목적을 이룰 수 없는
    경우
    ⓐ 최고가 매수인은 매각허가에 대한 이의신청(민집 121조 6호)
        을, 매수인은 대금을 납부할 때까지 매각허가결정의 취소
        신청(민집 127조 1항)을 할 수 있습니다.
    ⓑ 대금납부 후 배당 전인 때에는 집행법원에 대하여 매각허
        가결정에 의한 매매를 해제하여 납부한 대금의 반환을 청
        구할 수 있습니다(대법원 96그64 결정).
② 해제하지 않고 대금 감액을 구할 경우
    ⓐ 대금 납부 시까지는 집행법원에 대하여 대금의 감액을 청
        구할 수 있습니다(대법원 78마248 결정).
    ⓑ 대금 납부 후 배당실시 전인 때에는 감액분의 대금의 반환
        을 청구할 수 있습니다(대법원 96그64 결정).

사례에서 107호에 대한 경매절차가 무효임에 따라 소유권을 취득할 수 없게 됨으로써 이미 매각대금을 납부한 귀하는 ① 배당 전인 때에는 집행법원에 대하여 매각허가결정에 의한 매매를 해제하여 납부한 대금의 반환을 청구할 수 있고, ② 배당이 완료된 후라면 107호 소유자인 채무자 나건축씨 또는 근저당권자 하늘은행을 상대로 민법 741조의 부당이득의 법리에 의하여 이들에게 매각대금의 반환을 청구할 수 있습니다.

한편, 나건축씨의 107호에 대한 소유권 보존등기가 무효임에 따라 이를 담보로 근저당권을 설정한 하늘은행은 경매절차에서 배당받은 금액을 귀하에게 반환함으로써 채권을 회수할 수 없게 되어 근저당 채권액 상당의 손해를 입게 되었으므로 나건축씨를 상대로 별도의 채권회복 절차를 진행하여야 할 것입니다.[34]

참고로, 1동의 건물의 일부분이 구분소유권의 객체로서 적합한 구조상 독립성을 갖추지 못한 상태에서 구분소유권의 목적으로 등기되고 이에 기초하여 근저당권설정등기 등이 순차로 마쳐진 다음, 집합건물법 제1조의2 규정에 의한 경계를 명확하게 식별할 수 있는 표지가 바닥에 견고하게 설치되고 구분점포별로 부여된 건물번호표지도 견고하게 부착하는 등 구분소유권의 객체가 된 경우, 신축건물의 보존등기를 건물 완성 전에 하였다 하더라도 그 후 건물이 완성된 이상 그 등기를 무효라 볼 수 없다는 법리(대법원 70다260 판결 참조)에 따라 그 소유권 보존등기와 근저당권 설정등기는 유효하며 (대법원 2013다59876 판결 참조), 따라서 이러한 근저당권에 의한 경매절차에서의 매수인은 유효하게 소유권을 취득할 수 있습니다.[35]

---

34) 관련 문제로, 근저당권 실행을 위한 경매가 무효로 되어 채권자(=근저당권자)가 채무자를 대위하여 매수인에 대한 소유권이전등기 말소청구권을 행사하는 경우, 매수인이 부담하는 소유권이전등기 말소의무는 채무자에 대한 것인 반면, 매수인의 배당금 반환청구권은 실제 배당금을 수령한 채권자(=근저당권자)에 대한 채권인 바, 채권자(=근저당권자)가 매수인에 대하여 부담하는 배당금 반환채무와 매수인이 채무자에 대하여 부담하는 소유권이전등기 말소의무는 서로 이행의 상대방을 달리하는 것으로서, 채권자(=근저당권자)의 배당금 반환채무가 동시이행의 항변권이 부착된 채 채무자로부터 승계된 채무도 아니므로, 위 두 채무는 동시에 이행되어야 할 관계에 있지 아니하다(대법원 2006다24049 판결).
35) 구분소유권으로 등기될 수 없음에도 소유권보존등기가 마쳐지고 이를 담보로 근저당권 설정등기가 마쳐진 후에 어떤 사유로 구분소유권의 객체로 인정될 수 있는 조건을 모두 갖춘 경우, 구분건물은 등기가 된 때에 구분소유관계가 성립하는 것이 아니라 구분건물이 객관적·물리적으로 완성되면 그때부터 구분소유관계가 성립하므로(대법원 2010다71578 판결 참조) 소유권 보존등기와

근래에 바닥면적의 합계는 1,000㎡를 초과하지만 이용상의 독립성이 인정되지 않고 경계표지 및 건물번호 표지 등이 되어 있지 않은 대형 쇼핑몰의 구분점포(이를 통상 '오픈상가'라 합니다)가 경기불황 등의 이유로 경매 대상이 되고 있습니다. 이러한 구분점포를 매수하려고 할 경우 집합건물법 제1조의2의 요건 구비 여부를 각별한 주의를 기울여 검토한 후 경매절차에 임하여야 합니다.

이를 담보로 한 근저당권 설정등기는 실체적 권리관계에 부합하는 유효한 등기가 되고, 이러한 근저당권에 의한 경매절차에서의 매수인은 소유권을 유효하게 취득한다. 그런데 구분소유권의 객체로 인정될 수 있는 조건이 갖추어지지 않은 상태에서 경매절차가 종료된 후 매수인이 점유자의 점유를 배제(불법행위에 대한 처벌은 별론)하고, 임의로 이러한 조건을 갖춘 경우 매수인의 소유권 취득을 인정할지 여부에 대해서는 의문이다. 실체적 권리관계에 부합의 논리에 따라 소유권 취득의 유효성을 인정함이 타당하다고 본다.

제 5 장

지상권

. . . .
. .

경매 당시 완공단계인 토지 위 신축건물의
건축주에게 법정지상권이 인정되나요?

Q

김채무씨는 자신의 토지 위에 20억원 상당의 건물 신축을 하면서 그 토지에 채권최고액 10억원의 근저당권을 설정하였는데, 건물 완공 단계에서 토지의 대출 원리금을 연체하기에 이르렀고, 근저당권자인 하늘은행이 신청한 임의경매 절차에서 저는 이 토지의 소유권을 취득하였습니다.

토지 소유권자가 된 저는 김채무씨의 신축 건물 때문에 토지를 사용·수익할 수 없으므로 제가 매수한 대금에 30%를 보태어 이 토지를 살 의향이 있는지 김채무씨에게 물었습니다. 그러자 김채무씨는 완공 단계에 있는 건물의 건축주인 자신에게는 법정지상권이 성립하여 토지를 사용할 정당한 권원이 있으므로 이 토지를 비싼 가격에 살 이유가 없다면서 법대로 하라고 합니다.

김채무씨가 이 토지를 사지 않는다면 제가 건물의 철거를 요구할 수 있는가요?

토지에 근저당권이 설정될 당시 토지 소유자가 그 토지 위에 건물을 신축 중에 있었고, 그 건물이 사회관념상 독립된 건물로 볼 수 있는 정도는 아니나, 담보권 실행으로 인한 토지 경매절차에서 매수인이 매각대금을 다 낸 때까지 최소한의 기둥과 지붕 그리고 주벽이 이루어지는 등 부동산으로서의 요건을 갖춘 경우에는 법정 지상권이 성립합니다.

건물의 완공단계에까지 이른 김채무씨는 귀하 소유 토지에 대해 법정지상권이 있으므로 토지를 점유할 정당한 권원이 있습니다. 따라서 귀하는 김채무씨에게 이 건물의 철거를 요구할 수 없습니다.

사례에서는 토지 소유권자로서 토지를 배타적으로 사용·수익·처분할 수 있는 권리가 있는 귀하가 소유권자의 방해배제청구권에 터 잡아 건물의 철거를 요구한 데 대해 김채무씨가 토지를 점유 사용할 수 있는 권리가 있다면서 이를 거부할 수 있는 권리는 무엇인지, 신축 건물이 완공단계에 있으나 준공 승인이나 소유권 보존등기가 마쳐지지 않은 상태에서도 이 권리를 인정할 수 있는지가 문제 됩니다.

점유와 점유권

점유란 부동산이나 동산 등 유체물을 사실상 직접 지배할 수 있는 상태를 말하고, 점유권은 유체물을 사실상 지배하는 사람에게 인정되는 권리로 물권의 일종입니다.

점유는 소유권, 임차권, 지상권 등 권원에 의해 이루어지거나 절도범이 절취한 물건을 점유하는 것과 같이 권원 없이도 이루어지며, 점유권은 권원의 유무와 관계없이 오직 점유라는 사실에 의해서만 인정되는 권리입니다.

점유 권원에는 소유권, 전세권, 지상권, 임차권 등이 있습니다. 권원 없는 점유는 무단점유로 소유자 등 점유할 정당한 권원이 있는 자로부터 방해배제, 부당이득반환, 손해배상 등 청구를 받을 수 있습니다.

김채무씨는 경매에 의해 토지 소유권을 잃었고, 귀하와의 사이에 그 토지에 대한 전세권, 지상권, 임대차 등 법률상 인정되는 권리가 있어 보이지 않으며, 건물의 소유권을 취득했다는 점도 확실하지 않습니다. 그런데도 토지를 사실상 점유하고 있으면서 법정지상권을 주장하고 있습니다.

법정지상권 및 관습상 법정지상권

지상권은 타인의 토지에 건물, 기타 공작물이나 수목을 소유하기 위하여 그 토지를 사용하는 권리(민법 279조)를 말합니다. 지상권은 계약, 법률, 관습에 의해 성립합니다.

지상권은 토지와 건물을 별개의 부동산으로 인정하는 우리나라 법제상 인정되는 제도입니다. 이는 토지와 건물이 같은 사람 소유로 되어 있다가 매매나 경매 등으로 인하여 토지와 건물의 소유자가 달라진 경우 적용할 수 있습니다.

토지 위의 건물이 토지 소유자의 건물이 아니라는 이유로 철거된다면 건축비, 철거비용, 이미 사용·수익하고 있는 건물 소유자의 이익 손실 등 사회경제적으로 손해가 발생하는 것이므로 토지 임대차 또는 사용대차 계약이 체결되지 않은 경우라도 일정한 요건을 갖추면 토지를 점유할 수 있는 권리를 법률 또는 관습상 인정하고자 하는 취지입니다.

법정지상권은 토지 위에 건물이 있고 그 토지와 건물이 동일 소유자에게 속한 상태에서 ① 건물에 대하여서만 전세권을 설정한 후 토지소유자가 변경된 경우(민법 305조 1항), ② 어느 한쪽에만 저당권이 설정된 후 그 저당권의 실행으로 경매되어 토지와 건물이 소유자가 다르게 된 경우(민법 366조 1항)에 계약에 의하지 않고도 성립[36]하며 등기가 없어도 권리가 인정됩니다.

관습상 법정지상권[37]은 토지 위에 건물이 있고 그 토지와 건물이 동일인에게 속하였다가 매매 등 기타 원인으로 토지와 건물 소유자가 달라지게 된 경우 그 건물을 철거한다는 등의 특약이 없는 한 건물 소유자가 관습법에 의하여 등기 없이도 당연히 취득하는 권리입니다. 이것은 판례가 인정한 것입니다.

관습상 법정지상권의 성립 요건인 '토지와 그 지상 건물이 동일인 소유에 속하였는지'를 판단하는 기준 시기는 경매절차에서의 매수인이 소유권을 취득하는 매각대금의 완납 시가 아니라 그 압류의 효력이 발생하는 때입니다. 또한, 강제경매개시결정 이전에 가압류가 있었고, 그것이 본압류로 이행되어 경매절차가 진행된 경우에는, 애초 가압류가 효력을 발생하는 때를 기준으로 토지와 그 지상 건물이 동일인에 속하였는지를 판단하여야 합니다(대법원 2010다52140 전원합의체 판결).

완공 단계의 건물과 법정지상권

사례와 관련하여 판례는 "토지에 관하여 저당권이 설정될 당시

---

36) 이 밖에 가등기담보 등에 관한 법률 및 입목에 관한 법률에서도 법정지상권을 규정하고 있다.
37) 실무에서는 관습법상 법정지상권과 관습상 법정지상권을 혼용하여 사용하고 있다.

토지 소유자에 의하여 그 지상에 건물이 건축 중이었던 경우 그것이 사회 관념상 독립된 건물로 볼 수 있는 정도에 이르지 않았다 하더라도 건물의 규모, 종류가 외형상 예상할 수 있는 정도까지 건축이 진전되어 있었고, 그 후 경매절차에서 매수인이 매각대금을 다 낸 때까지 최소한의 기둥과 지붕 그리고 주벽이 이루어지는 등 독립된 부동산으로서 건물의 요건을 갖춘 경우에는 법정지상권이 성립한다(대법원 2003다29043 판결)"고 하였습니다.[38]

이는 저당권자는 저당권 설정 당시 신축 중인 건물에 대해 법정지상권의 부담을 예상할 수 있었으므로 불측의 손해를 입는 것이 아니고, 건물의 철거로 인한 사회경제적 손실(사례에서는 20억원 상당 건물의 철거)을 방지할 공익상의 필요성 그리고 독립된 부동산으로서 건물의 요건을 갖춘 건물의 소유권은 원시취득이므로 준공 승인이나 소유권 보존등기가 필요하지 않기 때문에 법정지상권이 인정되는 것입니다.

한편, 귀하가 토지 위에 건물이 신축 중이고 완공단계에 이르렀는데 단순히 토지가 경매에 나왔다는 이유로 경매절차에 참여하여 최고가 매수인이 된 것은 토지를 사용·수익할 목적이 아닌 건축주에게 팔아 고수익을 얻고자 하는 의도가 엿보인다고 할 것입니다. 이런 정황을 볼 때에도 귀하의 건물 철거 주장이 받아들여진

---

38) 토지에 저당권을 설정할 당시 토지 소유자에 의하여 그 지상에 건물이 건축 중이었던 경우와는 달리, 건물이 없는 토지(나대지)에 저당권이 설정된 후 저당권설정자가 그 위에 건물을 건축하였다가 담보권의 실행을 위한 경매절차에서 경매로 인하여 그 토지와 지상 건물이 소유자를 달리하였을 경우에는, 민법 제366조의 법정지상권이 인정되지 아니할 뿐만 아니라 관습상의 법정지상권도 인정되지 아니한다(대법원 95마1262 결정). 이는 토지에 대한 담보가치의 하락을 저당권자가 예측할 수 없고, 이를 인정한다면 저당권자에게는 불측의 손해가 발생하기 때문이다.

다면 사회경제적으로도 합리적이지 못하다고 할 것입니다.

지상권 설정자의 권리 의무

결국 귀하는 김채무씨에게 건물 철거를 요구할 수 없고, 적정한 가격에 토지의 매수 청구, 토지 임대료 상당의 지료 청구 또는 그 밖에 최단 존속기간[39]을 넘어서는 범위 내에서의 지상권 설정 계약 체결 중에서 김채무씨와 협의하여 사안을 해결해야 합니다.

토지 매수 청구가 받아들여지지 않거나 지상권 설정 계약 체결을 하지 않더라도 관습상 법정지상권자는 특별한 사정이 없는 한 토지소유자에게 지료를 지급하여야 합니다. 또한, 법정지상권이 있는 건물의 양수인으로서 장차 법정지상권을 취득할 지위에 있어 대지소유자의 건물철거나 대지인도청구를 거부할 수 있는 자라고 할지라도 그 대지의 점거사용으로 얻은 실질적 이득으로 인하여 대지 소유자에게 손해를 끼친다면 부당이득을 취한 것입니다. 따라서 이를 대지소유자에게 반환할 의무가 있습니다.

---

39) 민법 제280조(존속기간을 약정한 지상권)
　　① 계약으로 지상권의 존속기간을 정하는 경우에는 그 기간은 다음 연한보다 단축하지 못한다.
　　　1. 석조, 석회조, 연와조 또는 이와 유사한 견고한 건물이나 수목의 소유를 목적으로 하는 때에는 30년
　　　2. 전호 이외의 건물의 소유를 목적으로 하는 때에는 15년
　　　3. 건물 이외의 공작물의 소유를 목적으로 하는 때에는 5년
　　② 전항의 기간보다 단축한 기간을 정한 때에는 전항의 기간까지 연장한다.

　　민법 제281조(존속기간을 약정하지 아니한 지상권)
　　① 계약으로 지상권의 존속기간을 정하지 아니한 때에는 그 기간은 전조의 최단존속기간으로 한다.
　　② 지상권설정당시에 공작물의 종류와 구조를 정하지 아니한 때에는 지상권은 전조 제2호의 건물의 소유를 목적으로 한 것으로 본다.

타인 소유의 토지 위에 권한 없이 건물을 소유하고 있는 자는 그 자체로써 특별한 사정이 없는 한 법률상 원인 없이 타인의 재산으로 인하여 토지의 차임에 상당하는 이익을 얻고 이로 인하여 타인에게 동액 상당의 손해를 주고 있다고 보아야 하기 때문입니다(대구지방법원 2012나7234 판결).

지료 연체 또는 지상권 존속기간 만료 등으로 인하여 지상권이 소멸한 경우에 건물 철거를 요구할 수 있는가에 관하여는 건물철거에 따른 사회경제적 손실을 감안한다면 토지 소유자는 건물 소유자에게 토지의 매수를 청구하거나 건물의 매도를 청구하는 방안을 고려하여야 할 것입니다.

지료 약정 미등기와 밀린 지료 청구권

관련 문제로, 지상권 인수자에 대하여 토지 소유자가 밀린 지료를 청구할 수 있는지에 관하여 판례는 "건물 소유를 위하여 법정지상권을 취득한 사람으로부터 경매에 의하여 그 건물의 소유권을 이전받은 매수인은 특별한 사정이 없는 한 건물의 매수취득과 함께 위 지상권도 당연히 취득하며, 지료액 또는 그 지급시기 등 지료에 관한 약정은 이를 등기하여야만 제3자에게 대항할 수 있는 것이므로, 지료의 등기를 하지 아니한 이상 토지소유자는 구 지상권자의 지료연체 사실을 들어 지상권을 이전받은 자에게 대항하지 못한다"고 하여 지료에 관한 등기를 하지 않으면 새로운 지상권 인수자에게 밀린 지료를 청구할 수 없다고 하고 있습니다(대법원 2013다43345 판결).

공동저당권과 신축건물의 법정지상권

한편, 판례는 "동일인 소유의 토지와 그 지상 건물에 관하여 공동저당권이 설정된 후 그 건물이 철거되고 다른 건물이 신축된 경우, 저당물의 경매로 인하여 토지와 신축건물이 서로 다른 소유자에게 속하게 되면 법정지상권은 성립되지 아니한다"고 하였습니다 (대법원 98다43601 전원합의체 판결).[40]

왜냐하면 동일인 소유에 속하는 토지 및 그 지상 건물에 관하여 공동저당권이 설정된 경우는 처음부터 지상 건물로 인하여 토지의 이용이 제한받는 것을 용인하고 토지에 대하여만 저당권을 설정하여 법정지상권의 가치만큼 감소된 토지의 교환가치를 담보로 취득한 경우와는 다르기 때문입니다.

이 경우 공동저당권자는 토지 및 건물 각각의 교환가치 전부를 담보로 취득한 것으로서, 저당권의 목적이 된 건물이 그대로 존속하는 이상은 건물을 위한 법정지상권이 성립해도 그로 인하여 토지의 교환가치에서 제외된 법정지상권의 가액상당 가치는 법정지상권이 성립하는 건물의 교환가치에서 되찾을 수 있습니다.

궁극적으로 토지에 관하여 아무런 제한이 없는 나대지로서의 교환가치 전체를 실현시킬 수 있다고 기대할 수 있습니다. 하지만 건물이 철거된 후 신축된 건물에 토지와 동순위의 공동저당권이 설

---

40) 한편, 건물공유자의 1인이 그 건물의 부지인 토지를 단독으로 소유하면서 그 토지에 관하여만 저당권을 설정하였다가 위 저당권에 의한 경매로 인하여 토지의 소유자가 달라진 경우에도, 위 토지 소유자는 자기뿐만 아니라 다른 건물공유자들을 위하여도 위 토지의 이용을 인정하고 있었다고 할 것인 점, 저당권자로서도 저당권 설정 당시 법정지상권의 부담을 예상할 수 있었으므로 불측의 손해를 입는 것이 아닌 점, 건물의 철거로 인한 사회경제적 손실을 방지할 공익상의 필요성도 인정되는 점 등에 비추어 위 건물공유자들은 민법 제366조에 의하여 토지 전부에 관하여 건물의 존속을 위한 법정지상권을 취득한다고 보아야 한다(대법원 2010다67159 판결).

정되지 아니하였는데도 그 신축건물을 위한 법정지상권이 성립한다고 해석하게 되면, 공동저당권자가 법정지상권이 성립하는 신축건물의 교환가치를 취득할 수 없게 됩니다.

그 결과 법정지상권의 가액상당 가치를 되찾을 길이 막힙니다. 즉, 당초 나대지로서의 토지의 교환가치 전체를 기대하여 담보를 취득한 공동저당권자는 불측의 손해를 입게 되는 것입니다.

건물 등기부 폐쇄와 법정지상권

또한, 토지와 함께 공동근저당권이 설정된 건물이 그대로 존속함에도 불구하고 사실과 달리 등기부에 멸실의 기재가 이루어지고 이를 이유로 등기부가 폐쇄된 경우, 저당권자로서는 멸실 등으로 인하여 폐쇄된 등기기록을 부활하는 절차 등을 거쳐 건물에 대한 저당권을 행사하는 것이 불가능한 것이 아닌 이상 저당권자가 이 사건 주택의 교환가치에 대하여 이를 담보로 취득할 수 없게 되는 불측의 손해가 발생한 것은 아닙니다.

따라서 그 후 토지에 대하여만 경매절차가 진행된 결과 토지와 건물의 소유자가 달라지게 되었다면 그 건물을 위한 법정지상권이 성립합니다. 단지 건물에 대한 등기부가 폐쇄되었다는 사정만으로 건물이 멸실된 경우와 동일하게 취급하여 법정지상권이 성립하지 않는다고 할 수는 없기 때문입니다(대법원 2012다108634 판결).[41]

---

41) 건물이 없는 토지에 저당권이 설정될 당시 근저당권자가 토지소유자의 건물 건축에 동의하였어도 그러한 사정은 주관적 사항이고 공시할 수도 없는 것이어서 토지를 낙찰받는 제3자는 알 수 없으므로 이를 들어 법정지상권의 성립을 인정하면 제3자에게 손해이고, 법적 안정성을 해하므로 법정지상권이 성립되지 않는다(대법원 2003다26051 판결).

상황 2.

건물 소유권 이전등기가 말소됐는데 관습상 법정지상권은 유지되나요?

Q

전건주씨는 지방에 10억원 상당의 토지와 건물을 소유하고 있었는데, 이중 건물이 수원세무서에 의해 2016. 5. 1. 체납처분 압류등기가 되었습니다. 전건주씨는 체납처분 압류가 되어 있음에도 불구하고 이 건물을 2016. 10. 10. 신이전씨에게 매매에 의한 소유권이전등기를 해주었고, 이로써 신이전씨는 이 건물이 자리 잡은 전건주씨 소유 토지에 관습상 법정지상권을 취득하였습니다.

그 후 체납처분 압류에 의한 공매절차에서 저는 이 건물을 매수하였고, 이로 인해 신이전씨의 소유권이전등기는 말소되었습니다.[42]

전건주씨는 신이전씨의 소유권이전등기가 말소됨에 따라 당초 신이전씨가 자신 소유의 토지에 취득한 관습상 법정지상권이 소멸하였다는 이유로 저에게 건물을 철거하고 토지에 대한 차임 상당의 지료를 낼 것을 요구하고 있습니다.

---

[42] 추측건대, 매매 대상 부동산에 체납처분 압류등기가 되어 있을 경우, 통상적으로는 매도인은 매수인으로부터 매매대금을 받을 때 체납액을 갚고 체납처분 압류등기 말소를 촉탁하여 달라고 관할 세무서 등에 요청하는데 사례에서는 체납액이 과도하여 매도인이 이를 갚을 수 없었거나 매수인이 세금 체납사실과 압류등기 사실을 부주의로 몰랐거나 간과함으로써 체납처분 압류에 의한 공매가 진행되고 이로 인하여 매수인이 건물의 소유권을 잃게 된 상황으로 보인다.

제가 이에 따라야 할 의무가 있을까요?

압류, 가압류나 체납처분압류 등 처분제한의 등기가 된 건물에 관하여 이러한 처분제한의 등기에 저촉되는 소유권이전등기를 마친 사람이 건물의 소유자로서 관습상 법정지상권을 취득한 경우, 그 후 경매 또는 공매절차에서 이 건물을 매수한 자는 소유권 취득과 함께 이 지상권도 당연히 취득합니다. 따라서 귀하는 관습상 법정지상권이 소멸하지 않고 유지되고 있음을 이유로 전건주씨의 건물 철거 요구를 거부할 수 있습니다. 다만 차임 상당의 지료는 지급할 의무가 있습니다.

처분제한 등기와 처분행위의 상대적 효력

부동산 처분금지가처분 및 부동산 압류의 집행에 반하는 부동산 처분행위는 가처분채무자 또는 압류채무자와 처분행위 상대방 및 제3자 사이에서는 완전히 유효하고 단지 가처분채권자 또는 압류채권자에게만 그 집행절차에서 대항할 수 없습니다(대법원 91누 5228 판결). 이를 처분행위의 상대적 효력이라 합니다.

사례에서는 체납처분에 의한 공매절차의 종료 후, 체납처분청인 수원세무서와의 관계에서 체납처분의 상대적 효력에 따라 신이전 씨의 소유권이전등기가 무효로 되어 말소되었는데, 이로 인해 그가 취득한 관습상 법정지상권도 무효가 되는지가 쟁점입니다.

만일 신이전씨가 취득한 관습상 법정지상권이 무효로 된다면 공매로 이 건물을 매수한 귀하는 관습상 법정지상권이 없는 상태가 되어 논리상으로는 당초 토지소유자인 전건주씨로부터 건물철거를 요구받을 수 있기 때문입니다.

처분제한 등기 후 매매와 관습상 법정지상권 취득

이와 관련하여 판례는 "건물 소유를 위하여 법정지상권을 취득한 자로부터 경매에 의하여 건물의 소유권을 이전받은 매수인은 매각 후 건물을 철거한다는 등의 매각조건하에서 경매되는 경우 등 특별한 사정이 없는 한 건물의 취득과 함께 위 지상권도 당연히 취득하고, 이러한 법리는 압류, 가압류나 체납처분압류 등 처분제한의 등기가 된 건물에 관하여 그에 저촉되는 소유권이전등기를 마친 사람이 건물의 소유자로서 관습상의 법정지상권을 취득한 후 경매 또는 공매절차에서 건물이 매각되는 경우에도 마찬가지로 적용된다(대법원 2011다13463 판결)"고 하였습니다.

건물의 소유를 위하여 법정지상권을 취득한 경우 원인무효로 인하여 건물의 소유권이전등기가 말소되어 건물의 소유권을 상실하더라도 법정지상권은 소멸하지 않고 여전히 유효하게 존속하는 것으로 이후 건물의 소유권을 취득한 사람이 이 법정지상권을 승계한다는 것입니다.

그런데 가사 체납처분 압류에 따른 공매에 의해 신이전씨의 소유권이전등기가 원인 무효로 말소되고 이에 따라 신이전씨의 관습상 법정지상권이 소멸한다고 하더라도 공매로 이 건물의 소유권을 취득한 귀하가 최초의 토지 및 건물 소유자인 전건주씨에게 관습상 법정지상권을 주장할 수 있지 않을까 하는 의문이 들 수 있습니다.

생각건대, 관습상 법정지상권의 기본원리, 즉 체납처분 압류 당시 전건주씨가 토지와 건물의 동일소유자였고 공매로 건물의 소유권이 달라졌음을 볼 때, 귀하는 당연히 전건주씨에게 관습상 법정지상권 취득을 주장할 수 있다고 판단됩니다. 귀하는 어쨌든 전건주씨에 대해 관습상 법정지상권자로서의 권리를 가지고 있다는 것입니다.

지상권자의 권리 의무

따라서 귀하는 건물을 위하여 전건주씨 소유의 토지를 사용할 권리가 있으며, 지상권 설정계약 체결 및 계약 갱신 청구, 지상권 소멸 후 적정한 가격의 지상물 매수청구권을 행사할 수 있습니다. 다만, 지료지급 의무, 지상권 소멸 후 적정한 가격의 토지매수 의무 등을 부담하여야 합니다.

제 6 장

유치권

. . .

상황 1.
경매등기 후 유치권을 취득한 자에게 부동산 인도청구를 할 수 있나요?

건축공사업자인 전유치씨는 황채무씨 소유의 건물에 인테리어 공사를 하면서 경매개시결정등기 전에 황채무씨로부터 이를 넘겨받아 점유하였으나 경매개시결정등기 후에 비로소 공사를 완료하고 공사대금 채권을 가지게 되었습니다.

저는 이 건물에 실행된 임의경매 절차에 참여하여 매수인이 되었고, 매각대금을 다 낸 후 건물 소유권을 취득하였습니다.

그 후 점유자 전유치씨에게 건물 인도를 요구하자, 전유치씨는 자신은 이 건물에 대한 유치권자이므로 공사대금 채권을 전액 변제받기 전에는 건물을 넘겨줄 수 없다고 합니다.

제가 공사대금채권을 변제하지 않고서도 전유치씨로부터 이 건물을 인도받을 수 있을까요?

경매개시결정등기가 마쳐져 압류의 효력이 발생한 후에 해당 건물의 공사를 완공하여 공사대금채권을 취득함으로써 유치권이 성립한 경우, 비록 경매개시결정등기 전에 소유자로부터 건물에 대한 점유를 이전받았다 하더라도 유치권자는 경매절차에서 소유권을 취득한 매수인에게 대항할 수 없습니다.

따라서 귀하는 공사대금을 변제하지 않고서도 유치권자로부터 건물을 인도받을 수 있습니다.

유치권

유치권[43]이란 타인의 물건 또는 유가증권을 점유한 자가 그 물건이나 유가증권에 관하여 생긴 채권이 변제기에 있는 경우에는 변제를 받을 때까지 그 물건 또는 유가증권을 맡아 둘 수 있는 권리를 말합니다(민법 302조 1항).

유치권은 점유가 불법행위로 이뤄진 경우에는 효력이 없으며, 점유를 상실하면 소멸합니다(민법 320조 2항 및 328조). 점유는 유치권자의 직접점유 외에 간접점유, 채무자와의 공동점유라도 상관이 없습니다.

유치권은 물권이므로 채무자뿐만 아니라 매수인 등 모든 사람에게 인도를 거절할 수 있고, 법정 담보물권이므로 등기를 필요로 하지 않습니다.

유치권은 권리자에게 그 목적인 물건을 유치하여 계속 점유할 수

---

43) 국회는, 현행 민법은 타인의 물건 또는 유가증권을 점유한 자에게 그 물건이나 유가증권에 관하여 생긴 채권이 변제기에 있는 경우 변제를 받을 때까지 그 물건 또는 유가증권을 유치할 권리를 인정하고 있는데 이러한 유치권은 등기부에 공시되지 아니함에도 불구하고 사실상 우선변제를 받을 수 있도록 하여 경매절차에서 매수희망자의 입찰포기, 경매절차의 지연 및 매각가격 저감현상, 매수인의 비용증가, 선순위 채권자의 피해 등의 문제를 발생시키고 있으므로 이에 대한 개선책이 마련되어야 한다는 지적이 있음에 따라 민사집행의 효율성 제고 등을 위하여 유치권의 목적물이 부동산인 경우 유치권자가 경매절차의 배당요구종기까지 배당요구를 하지 않으면 매수인에게 유치권을 주장하지 못하도록 하는 내용(민법 제320조 제3항 신설)의 입법예고를 하였다(의원입법예고 2017. 4. 14.). 배당요구 종기까지 유치권자에게 배당요구하도록 하는 규정을 신설한다고 하여 가장 유치권, 과다금액 유치권의 폐해가 시정될지는 의문이다.

있는 대세적 권능이 인정됩니다(민법 320조 1항, 민집 91조 5항 등 참조). 그리하여 소유권 등에 기하여 목적물을 인도받고자 하는 사람은 유치권자가 가지는 그 피담보채권을 만족시키는 등으로 유치권을 소멸시키지 않는 한 인도를 받을 수 없으므로 실제로는 그 변제를 강요당하는 셈이 됩니다. 이로써 유치권은 유치권자의 그 채권 만족을 간접적으로 확보하게 됩니다.

유치권과 저당권의 관계

그런데 우리 법상 저당권 등의 부동산담보권은 비점유담보로서 그 권리자가 목적물을 점유함이 없이 설정되고 유지될 수 있고, 실제로도 저당권자 등이 목적물을 점유하는 일은 매우 드뭅니다. 따라서 어떠한 부동산에 저당권 등 담보권이 설정된 경우에도 그 설정 후에 제3자가 그 목적물을 점유함으로써 유치권을 취득할 수 있습니다.

저당권 등이 설정된 후에 유치권이 성립한 경우에도 유치권자는 그 저당권의 실행절차에서 목적물을 매수한 사람을 포함하여 목적물의 소유자 및 기타 권리자에 대하여 대세적인 인도 거절권능을 행사할 수 있는 것입니다.

부동산 유치권은 대부분의 경우에 사실상 최우선 순위의 담보권으로 작용합니다. 따라서 유치권자는 자신의 채권을 목적물의 교환가치로부터 일반채권자는 물론 저당권자 등에 대하여도 그 성립의 선후를 불문하여 우선적으로 자기 채권의 만족을 얻을 수 있게 됩니다.

그리하여 유치권 성립 전에 저당권 등 담보를 설정받고 금전 기타 신용을 제공한 사람으로서는 목적물의 담보가치가 자신이 애초 예상·계산하였던 것과는 달리 현저히 하락하는 경우가 발생할 수 있습니다.

이와 같이 유치권 제도는 '시간에서 앞선 사람은 권리에서도 앞선다'는 일반적 법원칙의 예외로 인정되는 것으로서, 특히 부동산 담보거래에 일정한 부담을 주는 것을 감수하면서 마련된 것입니다(대법원 2011다84298 판결 참조).[44]

유치권과 권리남용

이와 같이 부동산 담보거래에서 일정한 부담을 주는 제도인 유치권이 담보권자의 권리를 지나치게 제한한 경우 유치권 행사가 권리남용에 해당하는 것이 아닌지 문제 됩니다.

채무자가 채무초과의 상태에 이미 빠졌거나 그러한 상태가 임박함으로써 채권자가 원래라면 자기 채권의 충분한 만족을 얻을 가능성이 현저히 낮아진 상태에서 이미 채무자 소유의 목적물에 저당권 기타 담보물권이 설정되어 있어서 유치권의 성립에 의하여 저당권자 등이 그 채권 만족상의 불이익을 입을 것을 잘 알면서 자기 채권의 우선적 만족을 위하여 위와 같이 취약한 재정적 지위에 있는 채무자와의 사이에 의도적으로 유치권의 성립요건을 충족하는 내용의 거래를 일으키고 그에 기하여 목적물을 점유하게 됨으

---

44) 유치권이 최우선 순위 담보권으로서의 지위가 인정됨에 따라 실무상 유치권이 부당하게 이용되고 전체 담보권 질서에 관한 법의 구상을 왜곡하는 일이 자주 발생하여 이를 개선하기 위해 등기된 부동산에 대한 유치권을 폐지하는 내용의 민법 개정안이 입법 예고(2014. 8.)되기도 하였으나 폐지 반대가 많아 폐기되었다.

로써 유치권이 성립하였다면, 유치권자가 그 유치권을 저당권자 등
에 대하여 주장하는 것은 다른 특별한 사정이 없는 한 신의칙에
반하는 권리행사 또는 권리남용으로서 허용되지 않습니다(대법원
2011다84298 판결).

유치권의 성립시기

사례에서는 유치권 성립 시기가 언제인가가 문제 됩니다. 왜냐하
면 민사집행법 제92조 제1항이 "제3자는 권리를 취득할 때에 경매
신청 또는 압류가 있다는 것을 알았을 경우에는 압류에 대항하지
못한다"라고 규정하고 있기 때문입니다.

만일 전유치씨가 경매개시결정등기 전에 소유자로부터 이 건물
을 넘겨받아 점유한 때를 유치권의 성립 시기로 본다면 전유치씨
는 유치권을 취득할 때 경매 신청 또는 압류가 있다는 사실을 알
지 못하였기(즉 부동산등기 사항 전부 증명서에 경매개시결정등기가 되어 있지 않
았기) 때문에 압류에 대항할 수 있으므로 매수인인 귀하에게 인도
를 거절할 수 있을 것입니다. 이와 달리 경매 등기 후 공사대금 채
권이 발생한 때를 유치권의 성립 시기로 본다면 유치권 성립 당시
전유치씨는 경매 신청 또는 압류가 있다는 사실을 알고 있었으므
로 압류에 대항할 수 없고, 귀하에게 이 건물을 인도해 주어야 합
니다.

유치권은 그 목적물에 관하여 생긴 채권이 변제기에 있는 경우
에 비로소 성립(민법 320조)하고, 채무자 소유의 부동산에 경매개시
결정등기가 마쳐져 압류의 효력이 발생한 후에 유치권을 취득한 경
우에는 그로써 그 부동산에 관한 경매절차의 매수인에게 대항할

수 없으므로(대법원 2008다70763 판결), 채무자 소유의 건물에 관하여 공사를 도급받은 수급인이 경매개시결정의 기입등기가 마쳐지기 전에 채무자로부터 그 건물의 점유를 이전받았다 하더라도 경매개시결정의 기입등기가 마쳐져 압류의 효력이 발생한 후에 공사를 완공하여 공사대금채권을 취득함으로써 그때 비로소 유치권이 성립한 경우에는, 수급인은 그 유치권을 내세워 경매절차의 매수인에게 대항할 수 없습니다(대법원 2011다50165 판결).

따라서 전유치씨의 유치권은 비록 경매개시결정등기가 있기 전에 점유를 이전받았다고 하더라도 압류의 효력이 발생한 후에 공사대금 채권을 취득한 때(채권의 변제기)에 성립하였으므로 전유치씨는 이 건물을 매수한 귀하의 건물 인도 요구를 거절할 수 없습니다. 귀하는 유치권의 피담보 채권인 공사대금을 변제하지 않아도 됩니다.

한편, 압류는 채무자 소유의 특정 재산을 매매 등 처분을 하지 못하도록 법으로 강제하는 제도로서 처분을 금지하는 효력이 있습니다(압류의 처분금지적 효력). 압류가 있은 후, 채무자가 그 특정 재산을 매매 등으로 처분한 경우 채무자로부터 권리를 취득한 제3자는 그 압류를 원인으로 하여 새로운 권리를 취득한 사람에게 자신이 취득한 권리를 주장할 수 없습니다.

채무자 소유의 부동산에 경매개시결정등기가 마쳐져 압류의 효력이 발생한 후에 채무자로부터 그 부동산에 관한 공사대금 채권자가 점유를 이전받거나 피담보채권이 발생하여 유치권을 취득한 경우, 그가 경매절차의 매수인에게 유치권을 행사할 수 없는 것은 그와 같은 점유의 이전은 목적물의 교환가치를 감소시킬 우려가 있는 처분행위에 해당하여, 압류의 처분금지효(민집법 92조 1항)에 반하기 때문입니다.

그러나 이러한 법리는 부동산에 근저당권 설정등기나 가압류등기가 되었더라도 경매개시결정등기가 마쳐지기 전에 채권자가 유치권을 취득한 경우에도 적용되는 것은 아닙니다.

경매개시결정등기 전에 채권자가 유치권을 취득하였다면 유치권 취득시기가 근저당권 설정등기 후라거나 유치권 취득 전에 설정된 근저당권에 기하여 경매절차가 개시되었다고 하여도 유치권자는 경매절차의 매수인에게 유치권을 행사할 수 있다는 것입니다(대법원 2008다70763 판결 참조).

유치권과 채무변제

덧붙여, 유치권을 인정받을 수 없는 귀하의 사례와는 달리 유치권이 인정되어 부동산 인도를 거절할 수 있게 된 경우, 매수인이 유치권자에게 그 유치권이 담보하는 채권을 변제해야 하는지가 문제됩니다.

이는 민사집행법 제91조 제5항이 "매수인은 유치권자에게 그 유치권을 담보하는 채권을 변제할 책임이 있다"고 규정하고 있기 때문입니다. 위 규정의 문구를 그대로 해석하면 매수인은 유치권자에게 채권을 직접 변제할 책임이 있는 것으로 오해할 수 있습니다.

그러나 판례는 "여기에서 '변제할 책임이 있다'는 의미는 부동산 상의 부담을 승계한다는 취지로서 인적 채무까지 인수한다는 취지는 아니므로, 유치권자는 매수인에 대하여 그 피담보채권의 변제가 있을 때까지 유치목적물인 부동산의 인도를 거절할 수 있을 뿐이고 그 피담보채권의 변제를 청구할 수는 없다(대법원 95다8753 판결)"
고 하여 매수인이 유치권자에게 직접적으로 채권을 변제할 책임은
없다고 해석하고 있습니다.

따라서 매수인은 유치권자가 건물 전부를 점유하여 권리행사에
치명적인 손해를 끼치는 상황이 아니라 건물의 극히 일부(예컨대, 옥
상)를 점유하여 권리행사에 거의 지장이 없는 경우에는 그대로 놔
두고, 유치권자가 점유하지 않은 부분에 대하여만 사용·수익 등의
권리를 행사하는 것도 한 가지 방법이기는 합니다.

그런데 무엇보다 허위의 유치권자가 아닌 한 유치권자는 유치권
을 발생시킨 원인 채권을 가지고 있음이 명백하고, 그 채권을 당초
건물 소유자나 새로운 소유자로부터 어떻게든 변제받기를 원할 것
이므로 매수인에게 비록 법률상 직접 변제할 책임이 없다고 하더라
도(건물 인도를 청구하는 소송에서 유치권의 항변이 인용되는 경우에는 그 건물에 관
하여 생긴 채권의 변제와 상환으로 그 건물을 인도해야 하는, 즉 건물 인도와 채권 변
제는 동시이행관계이므로-채권 변제의 간접 강제) 유치권자의 여러 사정을 감
안해서 적절한 협의를 통해 일정한 금액을 지급함으로써 건물을
인도받아 소유권을 제한없이 행사하는 것이 경제적으로나 정신적
으로 이로울 것입니다.

그럼에도 도저히 협상이 이루어지지 않을 경우에는 유치권자가
점유의 지속에 따른 관리 인원의 급여, 기타 경비가 누적되는 등의
이유로 인해 더 이상 점유를 계속할 수 없는 상황(점유를 상실하면 유치
권은 소멸됨)이 될 때까지 인내력을 가지고 버티는 방법도 있습니다.

이때, 매수인으로서는 진정한 유치권자가 피담보채권을 변제받

지 못하는 상황에서 민법 제322조 제1항[45)에 의한 형식적 경매를 실행할 수도 있음을 유념해야 할 것입니다.

유치권 성립 여부 관련 판례

대법원은 ① 근저당권 설정등기 후 경매개시결정등기 전에 취득한 유치권의 경우(2008다70763 판결), ② 가압류등기 후 경매개시결정등기 전에 부동산의 점유를 이전받은 경우(2009다19246 판결), ③ 체납처분 압류 후 민사집행 절차상의 경매개시결정등기 전에 취득한 유치권의 경우(2009다60336 판결)에는 유치권의 성립을 인정합니다.

반면 ① 경매개시결정등기(압류) 후에 부동산의 점유를 이전받은 경우, ② 경매개시결정등기 전에 부동산의 점유를 이전받았으나 경매개시결정등기 후에 채권의 변제기가 도래한 경우(2011다55214 판결), ③ 채무자를 직접 점유로 하여 채권자가 간접 점유한 경우(92006다22050 판결), ④ 유치권이 신의칙에 반하거나 권리남용에 해당한 경우(2011다84298 판결)에는 유치권의 성립을 인정하지 않고 있습니다.

---

45) 민법 제322조(경매, 간이변제충당)
　　① 유치권자는 채권의 변제를 받기 위하여 유치물을 경매할 수 있다.
　　② 정당한 이유 있는 때에는 유치권자는 감정인의 평가에 의하여 유치물로 직접 변제에 충당할 것을 법원에 청구할 수 있다. 이 경우에는 유치권자는 미리 채무자에게 통지하여야 한다.

상황 2.
경매등기 전에 가압류된 부동산의 유치권자에게 부동산 인도청구를 할 수 있나요?

Q

건축공사업자인 전유치씨는 황채무씨 소유의 건물에 보수공사를 한 후, 경매개시결정등기 전에 황채무씨로부터 건물을 넘겨받아 점유하면서 공사대금을 피담보채권으로 하는 유치권을 취득하였습니다.

저는 이 건물에 실행된 임의경매 절차에 참여하여 매수인이 되었고, 매각대금을 다 낸 후 건물 소유권을 취득하였습니다.

그런데 이 건물에는 전유치씨가 유치권을 취득하기 전에 이미 다른 채권자들에 의해 가압류등기가 되어 있는 상태였습니다.

건물 소유권자가 된 저는 이 건물에 가압류등기가 된 상태에서 황채무씨가 전유치씨에게 건물의 점유를 넘겨준 행위는 처분행위이기 때문에 가압류의 처분금지효에 의하여 유치권을 행사할 수 없다고 주장하면서 전유치씨에게 건물을 인도해달라고 하였습니다.

그러자 전유치씨는 자신은 이 건물에 대한 유치권자이므로 공사대금 채권을 전액 변제받기 전에는 넘겨줄 수 없다고 합니다.

저는 공사대금채권을 변제하지 않고, 전유치씨로부터 이 건물을 인도받을 수 있을까요?

이 건물에 가압류등기가 마쳐져 있을 뿐 경매절차가 진행되지 않고 있는 상태에서 황채무씨가 전유치씨에게 건물의 점유를 이전하는 행위는 가압류의 처분금지효에 반하는 처분행위라 할 수 없습니다. 따라서 귀하는 전유치씨의 유치권에 대항할 수 없으며, 전유치씨에게 건물의 인도를 요구하려면 공사대금 채권을 변제하여야 합니다.

가압류

가압류란 돈이나 돈으로 바꿀 수 있는 채권의 집행을 보전할 목적으로 미리 채무자의 재산을 묶어 놓고 채무자로부터 그 재산에 대한 처분권을 잠정적으로 빼앗는 집행보전제도의 일종입니다.

이는 채권자가 나중에 본안 소송에 이기더라도 채무자가 이미 재산을 처분하여 강제집행이 불가능하거나 곤란해지는 것을 막기 위한 제도입니다. 이에 따라 가압류 후 금전의 지급을 명하는 확정판결이 있게 되면 가압류를 본압류로 이전하여 가압류된 재산에 대한 추심 또는 전부 절차를 밟게 되고, 채권자는 채권의 만족을 얻게 됩니다.

가압류에는 부동산 가압류, 채권 가압류, 유체동산 가압류, 그 밖의 재산권에 대한 가압류 등이 있습니다.

가압류가 집행되면 가압류의 목적물에 대하여 채무자가 매매, 증여 또는 저당권·질권 등 담보권의 설정, 그 밖에 일체의 처분행위를 하는 것을 금지하는 효력이 발생합니다.

그런데 만일 채무자가 이러한 처분금지를 어기고 일정한 처분행위를 한 경우 그 처분행위는 절대적으로 무효가 되는 것은 아닙니다. 처분 행위의 당사자, 즉 채무자와 제3취득자(소유권 또는 담보권을 취득한 자) 사이에서는 그 처분행위가 유효하고, 가압류채권자 또는 집행절차 등에 참여한 다른 권리자에게는 무효라는 것입니다.

처분행위와 사실행위

사례에서는 이미 가압류등기가 되어 있는 건물의 소유자인 황채무씨가 전유치씨에게 그 건물의 점유를 이전하는 행위가 처분행위에 해당하는지 또는 사실행위에 해당하는지가 문제 됩니다.

사실행위란 일정한 결과가 발생하면 되고, 외부에 의사를 표시할 필요가 없는 행위를 말합니다. 점유, 무주물선점, 과실의 취득 등이 이에 해당합니다. 이는 의사표시를 요건으로 하는 법률행위와 구별됩니다.

만일 황채무씨의 점유 이전 행위가 처분행위라면 전유치씨의 유치권은 가압류의 처분금지 효력에 반하므로 가압류채권자에게 대항할 수 없고, 부동산 경매절차에 참여하여 소유권을 취득한 귀하에게도 대항할 수 없어 무효이므로 귀하는 공사대금채권을 갚지 않고서도 전유치씨에게 건물 인도를 요구할 수 있습니다.

이에 대해 판례는 "가압류등기가 된 상태에서 부동산 점유의 이전은 특별한 사정이 없는 한 사실행위에 불과하고 처분행위가 아니며, 부동산에 가압류등기가 마쳐져 있을 뿐 현실적인 경매절차가 이루어지지 않고 있는 상황에서는 채무자의 점유 이전으로 인하여 제3자가 유치권을 취득하게 된다고 하더라도 이를 처분행위로 볼 수는 없다(대법원 2009다19246 판결 참조)"고 합니다.

따라서 건물에 가압류등기가 마쳐진 후 황채무씨가 전유치씨에게 건물의 점유를 이전한 것은 처분행위에 해당하지 않아 가압류의 처분금지효에 반하지 않습니다. 이로써 전유치씨는 귀하에게 유치권을 주장하면서 건물의 인도를 거절할 수 있으며, 귀하는 공사대금 채권을 변제제공하지 않고는 전유치씨에게 건물 인도를 청구할 수 없습니다.

한편, 판례는 "위와 같이 점유의 이전 행위는 사실 행위이지만 특별한 사정이 있을 경우 점유의 이전행위도 처분행위에 해당한다"고 합니다.

즉, 부동산에 경매개시결정의 기입등기가 마쳐져 압류의 효력이 발생한 후에 채무자가 제3자에게 당해 부동산의 점유를 이전함으로써 그로 하여금 유치권을 취득하게 하는 경우 그와 같은 점유의 이전은 목적물의 교환가치를 감소시킬 우려가 있는 처분행위에 해당한다는 것입니다(대법원 2006다22050 판결).

왜냐하면 경매개시결정의 기입등기가 마쳐져 압류의 효력이 발생한 후에 채무자가 당해 부동산의 점유를 이전함으로써 제3자가 취득한 유치권으로 압류채권자에게 대항할 수 있다고 한다면, 경매절차에서의 매수인이 매수가격 결정의 기초로 삼은 현황조사보고서나 매각물건명세서 등에서 드러나지 않는 유치권의 부담을 그대로 인수하게 되기 때문입니다. 이는 경매절차의 공정성과 신뢰를 현저히 훼손합니다. 또한 유치권 신고 등을 통해 매수신청인이 위와 같은 유치권의 존재를 알게 되는 경우에는 매수가격의 즉각적인 하락이 초래됩니다. 이는 책임재산을 신속하고 적정하게 환가하여 채권자의 만족을 얻게 하려는 민사집행제도의 운영에 심각한 지장을 줄 수 있으므로, 위와 같은 상황하에서는 채무자의 제3자에 대한 점유이전은 압류의 처분금지효에 반하는 처분행위로 봐야합니다(대법원 2009다19246 판결).

결국, 가압류등기 후 경매개시결정등기 전에 이루어진 점유 이전은 사실행위에 해당하여 유치권자는 매수인에게 유치권을 행사하여 부동산의 인도를 거절할 수 있고, 경매개시결정등기(압류) 이후의 점유 이전은 처분행위로 압류의 처분금지효에 반하므로 유치권자는 유치권을 주장할 수 없고, 부동산 인도를 거부할 수 없습니다.

국세징수법상의 압류와 유치권

한편, 민사집행법에 의한 압류가 아닌 국세징수법이나 지방세법상의 압류가 있은 후 민법상의 유치권을 취득한 경우 유치권을 행사할 수 있는가가 문제 됩니다.

부동산에 관한 민사집행절차에서는 경매개시결정과 함께 압류를 명하므로 압류가 행하여짐과 동시에 경매절차가 개시되는 반면, 국세징수법에 의한 체납처분절차에서는 체납처분 압류와 동시에 경매절차인 공매절차가 개시되는 것이 아닐 뿐만 아니라, 체납처분압류가 반드시 공매절차로 이어지는 것도 아니고, 또한 체납처분절차와 민사집행절차는 서로 별개의 절차로서 공매절차와 경매절차가 별도로 진행되는 것이므로, 부동산에 관하여 체납처분압류가 되어 있다고 하여 경매절차에서 이를 그 부동산에 관하여 경매개시결정에 따른 압류가 행하여진 경우와 마찬가지로 볼 수는 없습니다.

따라서 체납처분압류가 되어 있는 부동산이라고 하더라도 그러한 사정만으로 경매절차가 개시되어 경매개시결정등기가 되기 전에 그 부동산에 관하여 민법상의 유치권을 취득한 유치권자가 경매절차의 매수인에게 그 유치권을 행사할 수 없다고 할 수는 없습니다(대법원 2009다60336 전원합의체 판결).

상황 3.
정지된 유치권에 의한 경매의 유치권자에게 부동산 인도청구를 할 수 있나요?

Q

김채무씨 소유 건물에 대한 공사대금 채권에 의해 유치권을 취득한 전유치씨가 이 건물에 대하여 유치권에 의한 경매를 신청하여 경매절차가 개시되었습니다.

유치권에 의한 경매절차가 진행 중일 때 이 건물의 근저당권자인 하늘은행이 신청한 임의경매 절차가 개시되자 전유치씨의 유치권에 의한 경매절차는 정지되었습니다.

하늘은행에 의한 임의경매 절차에서 강허수씨가 이 건물을 매수하여 소유권을 취득하였는데, 강허수씨가 이 건물을 매수한 후 나무은행에 설정한 근저당권 채무를 연체하게 되자, 나무은행에 의해 임의경매 절차가 새로이 개시되었습니다.

이 경매절차에서 저는 최고가 매수인이 되어 매각대금을 지급하고 건물 소유권을 취득하였습니다.

한편, 하늘은행이 신청한 임의경매 절차에서 강허수씨가 이 건물을 매수함으로써 전유치씨의 유치권 대상물은 건물에서 매각대금으로 변경되었고, 이로써 건물에 대한 유치권은 소멸했다고 할 수 있습니다.

저는 전유치씨의 이 건물에 대한 유치권을 인수할 의무가 없다는 이유로 공사대금을 지급하지 않고자 합니다.

제가 이 건물을 인도받을 수 있을까요?

이 건물에 대한 유치권에 의한 경매절차는 임의경매 절차가 개시됨으로써 정지되었는데 강허수씨는 유치권에 의한 경매절차가 아닌 임의경매 절차에서 이 건물을 매수함으로써 유치권의 부담까지 인수하였고, 그 후 이 건물을 다시 매수한 귀하는 그 유치권의 부담을 함께 인수하였습니다. 따라서 전유치씨에게 공사대금을 변제하지 않는다면 건물을 인도받을 수 없습니다.

유치권으로 담보하는 채권의 변제 책임

유치권에 의한 경매[46]는 담보권 실행을 위한 경매의 예에 따라 실시[47]하고(민집 274조 1항), 담보권 실행을 위한 경매는 강제경매를 준용하므로(민집 268조), 유치권에 의한 경매절차에서 매각 부동산의 매수인이 유치권자에게 그 유치권으로 담보하는 채권을 변제할 책임(민집 91조 5항)이 있는지가 문제 됩니다.

민사집행법상의 강제경매와 담보권 실행을 위한 경매에 있어서

---

46) 유치권에는 경매신청권은 있으나(민법 322조 1항) 우선변제권은 없으므로 경매신청의 목적은 피담보채권의 강제적 실현이 아니라 그 물건을 채무 변제 시까지 무작정 보관하고 있어야 한다는 부담에서 해방되기 위하여 유치권자에게 부여된 현금화권을 행사하는 것이기 때문에 민사집행법은 유치권에 의한 경매의 성질을 현금화를 위한 경매의 일종으로 규율하고 있다. 법원행정처, 『법원실무제요, 민사집행(II)』, 2003년, 705쪽.

47) 여기서 '예에 따라 실시한다'함은 담보권 실행을 위한 경매에 관한 제규정을 모두 그대로 적용한다는 것이 아니라 사항의 성질에 따라 다소의 변용을 가하면서 이용할 수 있는 한도 안에서 이들 절차를 이용하여 경매를 실시한다는 것을 의미한다. 법원공무원교육원, 『민사집행실무 I』, 2014년, 398쪽.

부동산 위에 존재하는 제한물권 등의 부담은 매수인이 인수하는 것(인수주의)이 아니라 매각에 의하여 소멸하는 것(소멸주의)이 원칙입니다(민집 91조 2항·3항·4항, 268조).

이와 관련하여 형식적인 경매의 경우, 특히 민법 제322조 제1항에 따른 유치권에 의한 경매의 경우에도 경매 목적 부동산 위에 존재하는 제한물권 등이 매각으로 소멸하는지가 문제 됩니다.

유치권에 의한 경매도 ① 채권자와 채무자의 존재를 전제로 하고 채권의 실현·만족을 위한 경매를 상정하고 있는 점, 반면에 ② 인수주의를 취할 경우 필요하다고 보이는 목적부동산 위의 부담의 존부 및 내용을 조사·확정하는 절차에 대하여 아무런 규정이 없고 인수되는 부담의 범위를 제한하는 규정도 두지 않아, 유치권에 의한 경매를 인수주의를 원칙으로 진행하면 매수인의 법적 지위가 매우 불안정한 상태에 놓이게 되는 점, ③ 인수되는 부담의 범위를 어떻게 설정하느냐에 따라 인수주의를 취하는 것이 오히려 유치권자에게 불리해질 수 있는 점 등을 고려했을 때, 강제경매나 담보권 실행을 위한 경매와 마찬가지로 목적 부동산 위의 제한물권 등의 부담이 소멸합니다(대법원 2010마1059 결정 참조).[48]

유치권에 의한 경매에 있어서 이러한 소멸주의 원칙에 따라 우선채권자뿐만 아니라 일반채권자의 배당요구도 허용되며,[49] 유치권

---

[48] 다만, 집행법원은 매각조건 변경결정을 통하여 목적 부동산 위의 부담을 소멸시키지 않고 매수인이 인수하게 된다는 취지를 매각기일 공고나 매각물건명세서에 기재하여 인수주의를 취할 수 있다(대법원 2010마1059 결정). 한편, 공유물 분할을 위한 경매(민법 269조)의 경우에도 소멸주의가 적용된다(대법원 2006다37908 판결).

[49] 반면에 상속재산에 대한 형식적 경매는 한정승인자가 상속재산을 한도로 상속채권자나 유증을 받은 자에 대하여 일괄하여 변제하기 위하여 청산을 목적으로 당해 재산을 현금화하는 절차이므로 일반채권자인 상속채권자로서는, 민사집행법이 아닌 민법 제1034조 등의 규정에 따라 변제

자는 일반채권자와 동일한 순위로 배당받을 수 있으므로(대법원 2010마1059 결정) 매각 부동산의 매수인은 유치권으로 담보하는 채권을 변제할 책임이 없습니다.

유치권에 의한 경매절차의 정지와 인수주의

한편, 유치권 등에 의한 경매절차는 경매 목적물에 대하여 강제경매 또는 담보권 실행을 위한 경매절차가 개시된 경우에는 이를 정지하고, 채권자 또는 담보권자를 위하여 그 절차를 계속하여 진행하되, 강제경매 또는 담보권 실행을 위한 경매가 취소되면 유치권 등에 의한 경매절차를 진행하여야 합니다(민집 274조 2항 및 3항).

사례에서 전유치씨의 유치권에 의한 경매절차가 정지되지 않고 진행되어(하늘은행과 나무은행의 임의경매가 취소 또는 취하된 경우) 건물이 매각되었다면 전유치씨는 이 절차에서의 매수인이 집행법원에 지급한 매각대금에서 유치권의 피담보 채권을 교부받을 수 있습니다. 이로써 전유치씨의 유치권은 소멸하고,[50] 비록 교부액 부족으로 인한 공사대금 일부가 남아 있다고 하더라도 매수인은 유치권으로 담보하는 채권이 없는 상태의 건물 소유권자로서 전유치씨에게 건물의 인도를 청구할 수 있습니다.

이와 달리, 유치권에 의한 경매절차가 정지된 상태에서 경매 목

받아야 하므로 이 경매절차에서는 일반채권자의 배당요구가 허용되지 아니한다(대법원 2012다 99709 판결).

[50] 전유치씨가 매각대금에서 유치권의 피담보 채권을 전액 교부받지 못하였다고 하더라도 전유치씨의 유치권은 소멸하며 전유치씨는 일반채권자로서 김채무씨에게 미변제 채권의 지급을 청구할 수 있을 뿐이다. 이러한 소멸주의에 따라 전유치씨는 매각대금을 집행법원으로부터 교부받고, 유치권의 대상물이 건물에서 매각대금으로 변경된다. 이 경우 우선채권자나 일반채권자에게는 배당요구와 배당이 허용되지 아니하고, 이러한 채권들은 매수인이 인수하게 되는 것이다.

적물에 대한 강제경매 또는 담보권 실행을 위한 경매절차가 진행되어 매각이 이루어졌다면 유치권에 의한 경매절차가 소멸주의를 원칙으로 하는 것과는 달리 그 유치권은 소멸하지 않고 매수인이 이를 인수하여야 합니다(대법원 2011다35593 판결).

전유치씨의 유치권에 의한 경매는 하늘은행의 근저당권에 의한 임의경매 절차가 개시됨으로써 정지되었고, 이러한 임의경매 절차에서 건물을 매수한 강허수씨는 유치권의 부담까지 인수하였습니다.

따라서 그 후에 이루어진 나무은행의 근저당권에 의한 임의경매 절차에서 강허수씨 소유의 유치권 부담이 있는 건물을 매수한 귀하는 그 유치권의 부담도 인수한 것입니다. 귀하는 전유치씨에게 공사대금을 변제제공하지 않는 한 이 건물의 인도를 청구할 수 없습니다.

위 사례는 부동산 경매에 있어서 경계의 끈을 놓치지 않아야 금전 손실을 입지 않는다는 교훈을 줍니다.

사례에서 매수인은 나무은행의 신청에 의해 개시된 임의경매의 공고가 있자, 이 건물의 부동산 등기사항 전부증명서를 발급받아 분석하였습니다. 이때 하늘은행에 의해 개시된 임의경매 절차에서 강허수씨가 매수하여 소유권을 취득하였고, 이 건물이 부담하는 제한물권 등이 모두 말소되어 있음을 확인하였습니다.

그 후 임장하면서 전유치씨가 이 건물을 점유하고 있음을 확인했습니다. 전유치씨는 이 건물의 전전 소유자인 김채무씨에 대하여 공사대금채권을 가진 사람이며, 전유치씨의 유치권에 의한 경매와 하늘은행의 임의경매가 병합되었던 사실이 있다는 것을 알게 된 것입니다.

또한, 병합된 경매 중 전유치씨의 유치권에 의한 경매가 먼저 신청되었고, 하늘은행에 의한 임의경매가 나중에 신청되었다는 사실을 파악했습니다. 이로 인해 유치권에 의한 경매가 먼저 개시되었으므로 민사집행법 제87조 제1항[51]을 오해하여 유치권에 의한 경매절차가 진행되고 임의경매가 정지되었다고 판단하였습니다.

그러면서 유치권에 의한 경매에 의해 목적물이 매각되면 유치권자는 집행법원으로부터 피담보 채권을 매각대금에서 교부받으므로 유치권이 소멸하기 때문에 전유치씨의 유치권은 이미 소멸하여 부존재한다는 착오를 일으켜 유치권의 인수부담이 있는 경우보다는 높은 입찰가로 건물을 매수하였을 것입니다.

그러나 유치권에 의한 경매절차가 진행 중인 때에 동일 목적물에 대하여 강제경매나 임의경매가 개시될 경우 유치권에 의한 경매는 정지되고, 강제경매나 임의경매의 절차가 진행됩니다(민집 247조 2항 및 3항). 이렇게 진행된 경매절차에서는 민사집행법 제91조 제5항에 의하여 매각 부동산의 매수인은 유치권으로 담보되는 채권을 변제할 책임이 있습니다. 귀하는 이 사실을 몰랐거나 깊이 고려하지 않았던 것으로 보입니다.

전유치씨의 유치권의 존재에 대해 의심을 하면서도 자기 방어적으로 판단하여, 전유치씨가 주장하는 채권액을 공제한 가격으로 입찰가를 정하고 입찰하였다면 매수하지는 못하였을지라도 귀하

---

51) 강제경매 절차 또는 담보권 실행을 위한 경매절차를 개시하는 결정을 한 부동산에 대하여 다른 강제경매의 신청이 있는 때에는 법원은 다시 경매개시결정을 하고, 먼저 경매개시결정을 한 집행절차에 따라 경매한다(민집 87조 1항).

는 유치권의 피담보 채무를 변제해야 할 상황에 처하지는 않았을 것입니다.

사례의 경우는 ① 경매로 매각된 부동산이 비교적 이른 시일 내에 경매 개시된 점, ② 현 소유자에 대한 유치권자가 아닌 전소유자에 대한 유치권자라면서 부동산을 점유하고 있는 점, ③ 유치권에 의한 경매와 임의경매의 병합이 있었다는 점을 고려하여 관련 법령과 판례를 검토하고 치밀한 준비 후 방어적으로 경매에 임했다면 불측의 손해를 입지 않았을 것이라 봅니다.

상황 4.
근저당권 설정 등기 후 상사유치권을
취득한 자에게 부동산 인도청구를 할 수 있나요?

Q

황채무씨는 의류제품을 판매하는 개인사업자인데 의류제품을 생산하는 전유치씨로부터 의류를 납품받았습니다. 그 후 황채무씨는 그 대금을 지급하지 못하는 상황이 되자 전유치씨에게 자기가 소유한 건물을 넘겨주었고, 전유치씨는 이 건물에 입주하여 의류를 제조하고 있었습니다.

그런데 황채무씨가 전유치씨에게 점유를 이전하기 전에 이 건물에는 이미 하늘은행에 근저당권이 설정되어 있었습니다. 황채무씨가 근저당권 채무를 연체하게 되자, 하늘은행이 실행한 경매절차에서 저는 이 건물의 소유권을 취득하였습니다.

저는 건물의 인도를 요구하였는데 전유치씨는 상사유치권자임을 이유로 이 건물의 인도를 거절하고 있습니다.

제가 이 건물을 인도받을 수 있을까요?

A

유치권의 목적물이 될 수 있는 건물에 이미 근저당권 등 제한물권이 설정되어 있는 상태에서 상사유치권을 취득한 경우, 상사유치권자는 그 제한물권에 터 잡아 이루어진 경매절차에서 그 건물의 소유권을 취득한 매수인에게 대항할 수 없습니다. 따라서 귀하는 건물을 인도받을 수 있습니다.

상사유치권

상사유치권이란 상인인 채권자와 채무자 간의 상행위로 인하여 발생한 채권을 변제받기 위하여 채권을 변제받을 때까지 채권자 그 자신이 점유하고 있는 채무자 소유의 물건 또는 유가증권을 맡아둘 수 있는 권리를 말합니다(상법 58조).

그런데 상법상의 유치권, 즉 상사유치권은 유치권의 대상이 되는 물건이 채무자 소유임을 요구하지 않는 민법상의 유치권(민법 320조 1항)과는 달리 유치권의 대상이 되는 물건이 채무자 소유이어야 합니다.

또한 민법상의 유치권, 즉 민사유치권은 피담보채권이 유치권의 목적물로부터 생긴 것(견련관계)일 것을 요구하나 상사유치권은 채권이 유치권의 대상이 되는 물건으로부터 발생한 것이 아니어도 됩니다. 예컨대, 민사유치권의 피담보채권은 부동산의 경우, 그 부동산에 대한 인테리어 비용이나 공사 비용 등 그로부터 발생한 채권이어야 하나 상사유치권은 그 부동산과는 관련이 없어도 채권자와 채무자 사이에 거래관계에서 발생하는 채권이면 됩니다.

상사유치권은 목적물과 피담보채권 사이의 견련관계가 완화됨으로써 피담보채권이 목적물에 대한 공익비용적 성질을 가지지 않아도 되므로 피담보채권이 유치권자와 채무자 사이에 발생하는 모든 상사채권으로 무한정 확장될 수 있습니다. 그로 인하여 이미 제3자가 목적물에 관하여 확보한 권리를 침해할 우려가 있는 것입니다.

그래서 상사유치권의 성립범위 또는 상사유치권으로 대항할 수 있는 범위를 이와 같이 '채무자 소유의 물건'으로 제한한 것입니다.

제한물권 성립 후 취득한 상사유치권

상사유치권이 채무자 소유의 물건에 대해서만 성립한다는 것은, 상사유치권은 그 성립 당시 채무자가 목적물에 대하여 보유하고 있는 담보가치만을 대상으로 하는 제한물권이라는 의미입니다. 따라서 유치권 성립 당시에 이미 그 목적물에 대하여 제3자가 권리자인 제한물권이 설정되어 있다면, 상사유치권은 그와 같이 제한된 채무자의 소유권에 기초하여 성립할 뿐이고, 기존의 제한물권이 확보하고 있는 담보가치를 사후적으로 침탈하지는 못합니다(대법원 2012다94285 판결).

따라서 채무자 소유의 부동산에 관하여 이미 선행 저당권이 설정되어 있는 상태에서 채권자의 상사유치권이 성립한 경우, 상사유치권자는 채무자 및 그 이후 채무자로부터 부동산을 양수하거나 제한물권을 설정 받는 자에 대해서는 대항할 수 있지만, 선행저당권자 또는 선행저당권에 기한 임의경매 절차에서 부동산을 취득한 매수인에 대해서는 상사유치권으로 대항할 수 없습니다(대법원 2012다94285 판결).

이와 달리 민사유치권의 경우, 경매개시결정등기 전에 채권자가 유치권을 취득하였다면 유치권 취득시기가 근저당권 설정등기 후라거나 유치권 취득 전에 설정된 근저당권에 기하여 경매절차가 개시되었다고 하여도 유치권자가 경매절차의 매수인에게 유치권을 행사할 수 있습니다(대법원 2008다70763 판결 참조).

결국 선행의 근저당권이 설정된 상태에서 상사유치권을 갖게 된 전유치씨로서는 선행의 근저당권에 터 잡아 이루어진 경매절차에서 유치권의 목적물인 건물을 취득한 귀하에게 대항할 수 없으므로 이 건물을 인도해 주어야 합니다.

　민사유치권과 상사유치권의 기본법리를 명확하게 이해하여 다른 사람이 망설일 때 두려움이 없이 경매절차에 참여함으로써 유치권의 부담이 없는 부동산을 취득하여 보다 높은 수익을 얻은 사례라 할 것입니다.

제 7 장

임차권

상황 1.
전세권과 임차권을 겸유하면서 배당받은 자에게 부동산 인도청구를 할 수 있나요?

Q

나전세씨는 황채무씨 소유의 주택에 관하여 황채무씨와 전세금 2억원의 전세권 설정 계약을 체결하고 2015. 9. 10. 최선순위의 전세권 설정등기를 마쳤으면서도 2015. 9. 18. 임차보증금 2억원의 임대차계약을 체결하여 같은 날 입주하고 전입신고를 마쳤습니다.

그 후 채권자 이강재씨가 2016. 10. 10. 이 주택에 대해 강제경매를 신청하였는데, 이 경매절차에 나전세씨는 전세권자로서 권리신고와 배당요구를 하였습니다.

저는 권리신고와 배당요구로 인하여 나전세씨의 전세권이 소멸하므로 후순위인 임차권도 소멸하는 것이라고 판단하고, 이 경매절차에 참여하여 매수신청금액 1억 5천만원에 매각허가결정을 받은 후 매각대금을 지급하고 주택의 소유권을 취득하였습니다. 그 후 배당절차에서 나전세씨는 전세권자로서 1억 2천만원을 배당받았습니다.

저는 나전세씨에게 주택의 인도를 요청하였는데 나전세씨는 전세권자로서 자신이 배당요구를 하여 전세권이 소멸하였다고 하더라도 임차권의 대항력은 소멸하지 않았으므로 전세금 2억원에서 배당받은 1억 2천만원을 뺀 8천만원을 지급받지 않는 한 주택을 인도해 줄 수 없다고 주장하고 있습니다.

저는 나전세씨가 전세권자로서 권리신고와 배당요구를 하였으므로 전세권이 소멸하였고, 이로 인해 후순위인 임차권도 소멸하였으므로 나전세씨는 저에게 대항할 수 없다고 봅니다. 이를 근거로 집행법원에 부동산 인도명령을 신청하려고 합니다.

저의 신청은 받아들여질 수 있을까요?

주택에 관하여 최선순위로 전세권설정 등기를 마치고, 그 전세권설정 계약의 내용과 동일성이 인정되는 임대차계약을 체결하여 주택임대차보호법상의 대항요건을 갖추었다면 전세권자로서의 지위와 주택임대차보호법상의 대항력을 갖춘 임차인으로서의 지위를 함께 가진 것입니다.

따라서 선순위 전세권자로서 배당요구를 하여 전세권이 매각으로 소멸되었다 하더라도 전세권자와 임차권자의 지위를 겸유한 나전세씨는 변제받지 못한 보증금에 기하여 임차권자로서 대항력을 행사할 수 있습니다.

귀하가 나전세씨에게 임차보증금 차액을 지급제시하지 않는다면 집행법원에 주택의 인도명령을 청구하더라도 인용될 수는 없습니다.

소멸주의와 인수주의

경매절차에서 매수인이 매각 대금을 지급하면 매각부동산 위의 모든 저당권은 소멸되고, 지상권·지역권·전세권 및 등기된 임차권(주택임대차보호법상 대항력을 갖춘 임차권 포함)은 저당권·압류채권·가압류채권에 대항할 수 없는 경우에는 매각으로 소멸되며, 저당권·압류채권·가압류채권보다 선순위인 지상권·지역권·전세권 및 등기된 임차권은 매수인이 인수하게 됩니다(민집 91조 2항 내지 4항 참조).

한편, 저당권·압류채권·가압류채권보다 전세권이 선순위인 경우 매수인이 인수하는 것이 원칙이나 전세권자가 배당을 요구하면 전세권은 소멸합니다(민집 91조 4항 단서 참조).

전세권

전세권은 전세금을 지급하고 타인의 부동산을 점유하여 그 부동산의 용도에 쫓아 사용·수익하고, 그 부동산 전부에 대하여 후순위 권리자나 그 밖의 채권자보다 전세금의 우선변제를 받을 것을 내용으로 하는 용익물권으로 담보물권으로서의 성질도 가진 특수한 물권입니다(민법 303조).

전세권은 후순위 권리자나 그 밖의 채권자보다 우선변제 청구권이 인정되는 점에서 담보물권인 저당권과 그 효력이 같습니다. 따라서 최선순위 전세권자가 경매절차에서 배당을 요구하면 그 전세권보다 후순위인 지상권·지역권·전세권 및 등기된 임차권은 소멸하게 됩니다. 이와 달리 최선순위 전세권자가 경매절차에서 배당을 요구하지 않으면 그 전세권은 매수인에게 인수되며, 그보다 후순위인 지상권·지역권·전세권·등기된 임차권은 소멸되지 않고 대항력을 유지하게 됩니다.

임차권

임대차는 당사자 일방이 상대방에게 목적물을 사용·수익하게 할 것을 약정하고 상대방이 이에 대하여 차임을 지급할 것을 약정함으로써 그 효력이 생깁니다(민법 618조). 이에 대한 특별법으로서 주거용 건물 및 상가건물 임대차에 관한 법률관계를 정하는 주택임대차보호법 및 상가임대차보호법[52]이 제정되어 있습니다.

주택임대차보호법은 주거용 건물의 전부 또는 일부의 임대차에 적용되고, 임차주택의 일부가 주거 외의 목적으로 사용되는 경우와 미등기 전세계약에도 적용됩니다(주임법 2조 및 12조). 주거용 건물이면 미등기 건물이어도 상관없고, 건축허가가 있었는지도 문제되지 않습니다.[53] 이 법의 규정들은 강행규정이므로 이에 반하는 약정으로서 임차인에게 불리한 것은 효력이 없고, 일시사용을 위한 임대차가 명백한 경우에는 적용되지 않습니다(주임법 10조 및 11조).

건물이 아파트나 단독주택 등 주택임이 명백한 경우에는 문제가 없으나 그 건물이 주거·비주거 겸용인 경우나 비주거용을 주거용으로 개조한 경우에는 주택임대차보호법 적용과 관련하여 주거용 건

---

52) 상가임대차보호법은 부가가치세법 8조, 소득세법 168조 또는 법인세법 111조의 규정에 따라 사업자등록 대상이 되는 상가건물의 임대차에 적용되고, 대통령령이 정하는 보증금액을 초과하는 임대차에 대하여는 적용되지 않는다(상임보법 2조). 상가임대차는 그 등기가 없는 경우에도 적용되는데 임차인이 건물의 인도와 사업자등록을 신청한 다음날부터 대항력이 발생한다. 상가임차인이 우선변제권을 갖기 위해서는 임대차계약서상 확정일자를 받거나 소액임차인에 해당하여야 한다. 경매절차에서 배당을 받기 위해서는 배당요구 종기까지 배당요구를 하여야 한다.

53) 주택임대차보호법 제2조가 주거용 건물의 전부 또는 일부의 임대차에 관하여 적용된다고 규정하고 있을 뿐 임차주택이 관할관청의 허가를 받은 건물인지, 등기를 마친 건물인지 아닌지를 구별하고 있지 아니하며, 건물 등기부상 '건물내역'을 제한하고 있지도 않으므로, 점포 및 사무실로 사용되던 건물에 근저당권이 설정된 후 그 건물이 주거용 건물로 용도변경되어 이를 임차한 소액임차인도 특별한 사정이 없는 한 주택임대차보호법 제8조에 의하여 보증금 중 일정액을 근저당권자보다 우선하여 변제받을 권리가 있다(대법원 2009다268789 판결).

물인지 여부를 판단하기에 어려움이 있습니다.

주거용 건물인지의 판단기준은 임대차 목적물의 공부상의 표시만을 기준으로 할 것이 아니라 그 실지 용도에 따라서 결정하여야 하고, 또 건물의 일부가 임대차의 목적이 되어 주거용과 비주거용으로 겸용되는 경우에는 구체적인 경우에 따라 그 임대차의 목적, 전체 건물과의 임대차 목적물의 구조와 형태 및 임차인의 임차 목적물의 이용관계 그리고 임차인이 그곳에서 일상생활을 영위하는지 여부 등을 아울러 고려하여 합목적적으로 결정하여야 합니다 (대법원 95다51953 판결).

주택임대차보호법상 주택임차인은 여러 권리를 가지고 있으나 부동산 경매와 관련하여서는 2가지 권리, 즉 대항력과 우선변제권[54]이 가장 중요합니다. 부동산 경매절차의 매수인은 이 권리에 대하여 명확히 이해하고 실체적 분석을 할 필요가 있습니다.

대항력은 임대기간 동안 계속 거주할 수 있고 기간만료 후에는 임차주택의 소유자 또는 양수인에 대하여 보증금 반환 시까지 주택 인도를 거부할 수 있는 권리이고, 우선변제권은 경매 또는 공매

---

[54] 주택임대차보호법상 임차인에게 우선변제권이 인정되기 위하여 ① 대항요건과 임대차계약증서상의 확정일자를 갖추는 것 외에 계약 당시 임차보증금이 전액 지급되어 있을 것을 요하는지, ② 임차인이 임대인에게 임대차계약 당시 임차보증금의 일부만을 지급하고 주택임대차보호법 제3조 제1항에서 정한 대항요건과 임대차계약증서상의 확정일자를 갖춘 다음 나머지 보증금을 나중에 지급한 경우 대항요건과 확정일자를 갖춘 때를 기준으로 임차보증금 전액에 대해서 우선변제권이 있는지에 관하여 대법원은 "주택임대차보호법은 임차인에게 우선변제권이 인정되기 위하여 대항요건과 임대차계약증서상의 확정일자를 갖추는 것 외에 계약 당시 임차보증금이 전액 지급되어 있을 것을 요구하지는 않는다. 따라서 임차인이 임대인에게 임차보증금의 일부만을 지급하고 주택임대차보호법 제3조 제1항에서 정한 대항요건과 임대차계약증서상의 확정일자를 갖춘 다음 나머지 보증금을 나중에 지급하였다고 하더라도 특별한 사정이 없는 한 대항요건과 확정일자를 갖춘 때를 기준으로 임차보증금 전액에 대해서 후순위권리자나 그 밖의 채권자보다 우선하여 변제를 받을 권리를 갖는다고 보아야 한다(대법원 2017다212194 판결)"고 최근 판시 하였다.

절차에서의 매각대금으로부터 순위에 따라 우선변제 즉, 배당을 받을 수 있는 권리입니다.

대항력은 경매·공매 외에 매매·대물변제·증여·상속 등에도 인정되나, 우선변제권은 경매와 공매의 경우에만 인정됩니다.

임차인의 대항력은 주택인도와 주민등록을 마친 그 다음날부터 발생하며, 우선변제권은 소액임차인 또는 확정일자가 있는 임차인에게 주어집니다(주임법 3조 1항 및 3조의2 2항).[55]

다만, 예외적으로 임차권보다 먼저 설정된 전세권 등의 담보권이 경매로 인하여 소멸하게 되면 그보다 후순위의 임차권은 선순위 담보권이 확보한 담보가치의 보장을 위하여 그 대항력을 상실합니다.

전세권자와 임차인의 지위 겸유와 대항력 판단 기준

사례에서는 전세권자과 주택임대차보호법상의 대항력을 갖춘 임차인으로서의 지위를 함께 가진 최선순위 전세권자가 배당요구를 하면 후순위인 임차권의 대항력이 상실되는지가 문제 됩니다.

왜냐하면 전세권자가 배당요구를 하면 그 전세권은 매각으로 소멸하고(민집 91조 4항 단서), 그 전세권보다 후순위인 지상권·지역권·전세권 및 등기된 임차권은 선순위 전세권의 담보가치를 보장하기 위해 소멸하여 대항력이 상실되기 때문입니다. 이는 선순위 권리가

---

55) 매각 목적물 위의 권리의 순위와 관련하여 등기되지 아니한 주택임차인보다 가압류채권자가 선순위인지 여부는 주택임대차보호법 제3조의2의 법문상 임차인이 확정일자 부여에 의하여 비로소 우선변제권을 가지는 것으로 규정하고 있음에 비추어, 임대차계약증서상의 확정일자 부여일을 기준으로 삼는 것으로 해석함이 타당하므로, 대항요건을 미리 갖추었다고 하더라도 확정일자를 부여받은 날짜가 가압류일자보다 늦은 경우에는 가압류채권자가 선순위라고 볼 수밖에 없으므로(대법원 92다30597 판결), 권리분석시 확정일자 부여일을 정확히 파악하여야 한다.

나중에 성립된 권리로 인하여 담보력이 약화되지 않도록 하기 위한 것입니다.

따라서 동일인이 같은 주택에 대한 전세권과 임차권을 겸유하는 경우 위 임차권의 대항력을 인정할 것인지 여부는 그로 인하여 위 전세권으로 확보한 담보가치가 약화되는지에 따라 판단하여야 합니다(부산지방법원 2010라45 결정).

전세권자로서의 지위와 주택임대차보호법상 대항력을 갖춘 임차인으로서의 지위를 함께 가지게 된 경우, ① 전세권과 더불어 주택임대차보호법상의 대항력을 갖추는 것은 자신의 지위를 강화하기 위한 것이지 원래 가졌던 권리를 포기하고 다른 권리로 대체하려는 것이 아니라는 점, ② 자신의 지위를 강화하기 위하여 설정한 전세권으로 인하여 오히려 주택임대차보호법상의 대항력이 소멸된다는 것은 부당하다는 점, ③ 동일인이 같은 주택에 대하여 전세권과 대항력을 함께 가지므로 대항력으로 인하여 전세권 설정 당시 확보한 담보가치가 훼손되는 문제가 발생하지 않는다는 점 등을 고려하면, 최선순위 전세권자로서 배당요구를 하여 전세권이 매각으로 소멸되었다고 하더라도 변제받지 못한 나머지 보증금에 기하여 대항력을 행사할 수 있고, 그 범위 내에서 경매절차의 매수인은 임대인의 지위를 승계한 것으로 보아야 합니다(대법원 2010마900 결정).

한편, 최선순위 확정일자를 갖춘 임차인이 배당요구를 할 경우 그 확정일자 이후에 마쳐진 소유권이전등기청구권 보전을 위한 가등기가 말소대상인지 여부가 문제 됩니다.

주택임대차보호법 제3조의2 제2항은 대항요건과 확정일자를 갖춘 주택임차인은 후순위 권리자 그 밖의 일반 채권자보다 우선하여 보증금을 변제받을 권리가 있음을 규정하고 있는데 이는 임대차계약증서가 확정일자를 갖춘 경우에는 부동산담보권과 유사한 권리를 인정한다는 취지입니다(대법원 92다30597 판결).

이와 관련하여 저당권설정 후 마쳐진 순위보전의 가등기가 매각에 의하여 소멸하는 것과 마찬가지로 담보권과 유사한 지위에 있는 대항력과 확정일자를 갖춘 임차권이 성립한 후에 마쳐진 순위보전 가등기는 매각에 의하여 소멸한다는 주장과 매수인이 인수하지 아니한 부동산에 관한 기입인지 여부는 부동산등기사항 전부증명서에 적힌 것을 기준으로 판단하여야 하고, 등기사항 전부증명서에 기입되지 않은 권리로서 특별법에 의하여 우선변제권이 인정되는 권리가 성립한 때를 기준으로 판단하여서는 안 되므로 대항력과 확정일자를 갖춘 등기되지 아니한 주택(또는 상가건물) 임차권자가 있고, 그가 경매절차에서 보증금 전액을 변제받은 경우에도 위 가등기의 부담은 소멸하지 아니하고 매수인에게 인수된다는 주장56)이 있습니다.

이러한 주장에 대하여 아직 판례가 형성되지 아니하였으므로 경매절차 참여 시 각별한 주의가 요구된다고 할 것인 바, 매수인에게 인수된다는 주장이 타당하다고 봅니다.

결국 나전세씨는 전세권자로서 배당요구하여 전세보증금 2억원 중의 일부인 1억 2천만원을 배당받아 전세권이 소멸하였음에도 임차권의 대항력은 소멸하지 않음으로써 배당받지 못한 임차보증금의 차액 8천만원을 변제받지 않는 한 임차인의 자격으로 귀하에

---

56)   법원행정처, 『법원실무제요, 민사집행(II)』, 2003년, 384쪽.

대하여 주택의 인도를 거부할 수 있습니다.

전세권자인 동시에 대항력을 갖춘 임차권자인 나전세씨가 전세권자로서 배당요구를 하지 않았거나 비록 배당요구를 하였더라도 배당요구 종기 전에 이를 철회(민집 88조 2항 참조)하였다면 귀하는 전세보증금 2억원을 인수할 상황을 고려하여 보다 낮은 가격으로 매수신청하였을 것입니다.

그런데 귀하는 전세권과 대항력 있는 임차권을 겸유한 특수한 상황임에도 선순위 전세권자가 배당요구하여 전세권이 소멸하면 후순위인 임차권이 소멸하게 된다고 규정한 민사집행법 제91조를 기계적으로 해석하였고, 이에 관한 판례 분석 등을 게을리하여 임차보증금 차액을 인수하게 되는 손해를 입게 된 것입니다.

상황 2.
소유자가 채무를 변제하고 근저당권을 말소한 사실을 알려주지 않아 손해를 입었어요

Q

저는 하늘은행을 1순위로 한 채권최고액 2,600만원의 근저당권이 설정되어 있고, 그 다음으로 보증금 7,000만원의 남차임씨의 대항력을 갖춘 임차권이 존재하는 김채무씨 소유 아파트에 대하여 강채권씨가 신청한 강제경매 절차에 참여하여 입찰가 7,700만원에 최고가 매수인이 된 후 매각대금을 납부하였습니다.

한편, 임차인 남차임씨는 이 아파트에 입주하고 주민등록은 마쳤으나 임대차계약서에 확정일자를 부여받지는 않았습니다.[57]

저는 매각대금을 지급하고 소유권을 취득한 후 위 아파트의 권리관계를 다시 확인하기 위해 등기사항 전부증명서를 발급받아 살펴보았는데 매각대금 지급 하루 전에 1순위인 하늘은행의 근저당권 설정등기가 말소되어 있음을 발견하였습니다.

하늘은행의 1순위 근저당권이 말소됨으로써 남차임씨의 임차권의 대항력은 다시 살아났고, 저는 임차 보증금 7,000만원을 지급하지 않고서는 남차임씨로부터 위 아파트를 인도받을 수 없게 되었

---

57) 대항력을 갖추었으나 확정일자를 부여받지 않은 경우, 임차인은 경매 또는 공매 절차에서 후순위 권리자보다 임차보증금을 우선 변제받을 수 없다(주택임대차보호법 3조의2 2항 참조).

습니다.

　사정을 알아본 결과, 하늘은행의 1순위 근저당권의 존재로 인하여 남차임씨는 주택임대차보호법상 대항력은 갖추었으나 임대차계약서에 확정일자를 부여받지 않았기 때문에 집행법원에 배당요구를 할 수 없었고, 이로써 매각대금에서 임대차보증금의 일부나마도 배당받을 수 없는 상황이었습니다.[58]

　이에 남차임씨는 김채무씨를 찾아가 위 아파트 경매절차에서 1순위 근저당권의 존재로 인하여 임차인인 자신의 대항력이 소멸하게 되었는데, 자신으로서는 임차보증금을 반환받지도 못하고 매수인에게 아파트를 인도해주어야 하는 상황임을 설명했습니다.

　그렇게 되면 김채무씨를 상대로 임차보증금 반환청구 소송을 제기하여 승소한 다음 배당 후 김채무씨에게 지급될 매각대금 잔금 5,100만원을 압류(소송 제기 전에 임차보증금을 피보전채권으로 하여 매각대금 가압류도 가능함)하는 한편, 임차보증금 차액 1,900만원을 회수하기 위해 김채무씨 소유의 다른 재산에 강제 집행할 것이라고 말하였습니다.

　그러면서 남차임씨는 김채무씨를 상대로 한 임차보증금 반환청구 소송을 제기하여 승소하기까지는 시일이 걸리고 소송비용도 부담이 되니, 이 아파트의 매각 절차에서 자신이 임차인으로서 대항력이라도 유지[59]할 수 있도록 하늘은행의 피담보채무를 갚고, 1순

---

58)　남차임씨가 임대차계약서에 확정일자를 부여받았다면 그는 배당요구 종기 전에 집행법원에 권리신고 및 배당요구를 하고 배당절차에서 하늘은행이 배당받고 남은 돈 5,100만원을 배당받을 수 있었을 것이다. 소액임차인 최우선변제권에 대해서는 언급하지 아니한다.

59)　대항력이 유지될 경우, 매각부동산의 매수인은 임대인의 지위를 승계한 것으로 간주되어 임대차보증금 반환채무를 인수하게 된다(주택임대차보호법 3조 참조).

위 근저당권 설정등기를 말소해 달라고 수차례 간청하였습니다.

김채무씨는 자신에게 불리할 것이 없다고 판단하고, 하늘은행의 1순위 근저당권의 피담보채무를 변제하고, 근저당권 설정등기를 말소하여 주었습니다.

이리하여 남차임씨가 가진 임차권의 대항력은 부활하였고, 이러한 사실을 모르는 저는 매각대금을 지급함으로써 남차임씨의 임차보증금 7,000만원을 인수하게 되어, 당초의 매각대금 7,700만원과는 별도로 7,000만원을 남차임씨에게 지급하는 손해를 입게 되었습니다.

이에 저는 김채무씨에게 매각대금 지급 직전에 선순위 근저당권을 소멸시켜 임차권의 대항력이 부활하게 하고도 이를 알려주지 않아 임차보증금 상당의 손해를 입었다고 배상을 청구하였습니다.

그러나 김채무씨는 ① 자신의 채무를 변제하지 못하여 진행되는 경매에 별다른 관심이 없었고, ② 법률 전문가도 아니므로 자신의 선순위 근저당권 설정등기의 말소로 인하여 발생하게 될 결과를 알지 못하였으며, ③ 자신은 근저당권 말소로 인하여 남차임씨가 임차보증금을 받게 될 수 있을 것이라고만 생각하였고, ④ 경매절차의 특성상 매수인은 자신의 위험부담 아래 부동산의 권리관계를 분석하여 자신의 책임으로 입찰에 임하는 점을 볼 때 손해배상을 해줄 수 없다고 합니다.

저는 근저당권 설정등기 말소 사실을 알려 주지 않은 김채무씨로부터 제가 인수한 임차보증금 7,000만원에 해당하는 금액을 배상받을 수 있을까요?

매각 부동산의 소유자가 매각대금 지급 직전에 선순위 근저당권의 피담보 채무를 변제하여 근저당권 설정등기를 말소하면 소멸 예정이었던 후순위 임차권의 대항력은 존속하게 됩니다. 이를 모르고 매각 대금을 지급한 경매절차의 매수인은 임차보증금의 반환 채무를 인수합니다.

　귀하는 김채무씨가 선순위 근저당권 설정등기 말소 사실을 알려주지 아니하여 이를 모르고 매각 대금을 지급함으로써 임차보증금 반환 채무를 인수하게 되었습니다. 따라서 김채무씨에게 매각 부동산의 권리관계의 흠결을 알고 고지하지 아니하였다는 사유로 임차보증금 상당의 손해배상을 청구할 수 있습니다.

매각허가결정의 취소

　사례에서 하늘은행의 1순위 근저당권이 어떤 사유로 소멸하면 남차임씨의 대항력은 존속합니다. 이 경우 귀하는 매각대금을 지급하기 전이라면 '부동산에 관한 중대한 권리관계의 변동이 있을 때'에 해당한다는 이유로 법원에 매각허가결정 취소를 구할 수 있습니다(민집 127조 1항).

　그러나 매각대금을 지급한 후라면 매각허가결정 취소를 구할 수 없습니다.

　귀하는 선순위 근저당권 등기가 말소된 후 그 사실을 모른 채 매각대금을 지급하여 아파트의 소유권을 취득하였습니다. 매각대금을 지급하였으므로 이 아파트의 임대인의 지위를 승계하였고, 남차임씨에게 임대보증금 7,000만원을 지급하지 않는 한 아파트를 인도받을 수 없습니다(주택임대차보호법 3조 4항).

경매와 매도인의 담보책임

그렇다면 매각대금 지급 직전에 하늘은행의 1순위 근저당권 피담보 채무를 변제하고 근저당권 설정등기를 말소한 사실을 알려 주지 아니하였고, 결과적으로 임차권의 존속을 초래한 매각 부동산의 전소유자 김채무씨에게 민법 제578조[60] 제3항에서 규정한 손해배상을 청구할 수 있는지가 문제 됩니다.

강제경매를 당하는 입장인 아파트 소유자 김채무씨는 경매절차에 관심이 없고 법률 전문가가 아니나, 선순위 근저당권이 존재함으로 말미암아 임차권의 대항력을 상실한 남차임씨가 자신을 상대로 임차보증금의 반환을 구하는 소송[61]을 제기할 것이고, 남차임씨가 승소할 것이라는 점은 예상할 수 있었을 것입니다.

그렇다면 김채무씨는 아파트의 소유권을 상실한 것과는 별도로 임차보증금 반환소송에서 승소한 남차임씨로부터 강제집행(배당절차 후 김채무씨에게 교부될 5,100만원에 대한 압류 및 임차보증금 차액 1,900만원을 반환받기 위한 다른 재산에 대한 집행)을 당할 수 있음은 명백합니다.

---

60) 민법 제578조(경매와 매도인의 담보책임)
　　① 경매의 경우에는 경락인은 전8조의 규정에 의하여 채무자에게 계약의 해제 또는 대금감액의 청구를 할 수 있다.
　　② 전항의 경우에 채무자가 자력이 없는 때에는 경락인은 대금의 배당을 받은 채권자에 대하여 그 대금전부나 일부의 반환을 청구할 수 있다.
　　③ 전2항의 경우에 채무자가 물건 또는 권리의 흠결을 알고 고지하지 아니하거나 채권자가 이를 알고 경매를 청구한 때에는 경락인은 그 흠결을 안 채무자나 채권자에 대하여 손해배상을 청구할 수 있다.
61) 이 아파트에 대하여 김채무씨와 남차임씨가 임대차계약을 체결하였고, 김채무씨가 남차임씨에게 반환해야 할 임차보증금은 7,000만원이라는 사실은 정황상 명백한 것으로 보인다.

이를 볼 때 김채무씨는 비록 남차임씨의 간청에 의한 것일지라도 하늘은행의 선순위 근저당채무 2,600만원을 변제하고 근저당권 설정등기를 말소하여 소멸 예정이었던 남차임씨의 임차권의 대항력을 존속시키는 것[62]이 자신에게 적어도 손해는 아니라고 판단하였을 것입니다.

즉, 남차임씨의 임차권이 존속되게 함으로써 귀하가 손해를 입을 것이라는 것을 명확히 알지는 못했을지라도 어쩌면 손해를 입을 수도 있다는 정도는 판단했을 것입니다.

따라서 김채무씨의 행위는 고의는 없었더라도 손해를 입힌 과실은 있다 할 것입니다. 민법은 형법과 달리 손해의 전보를 목적으로 하여 과실을 원칙적으로 고의와 동일시합니다(대법원 선고 2009다59855 판결 등 참조).

즉, 선순위 근저당권의 존재로 후순위 임차권이 소멸하는 것으로 알고 부동산을 매수하였으나, 그 후 채무자가 후순위 임차권의 대항력을 존속시킬 목적으로 선순위 근저당권의 피담보채무를 변제하고 그 근저당권을 소멸시키고도 이 점에 대하여 매수인에게 아무런 고지도 하지 않아 매수인이 대항력 있는 임차권이 존속하게 된다는 사정을 알지 못한 채 매각대금을 지급하였다면, 채무자는 민법 제578조 제3항의 규정에 의하여 매수인이 입게 된 손해를 배상할 책임이 있습니다(대법원 2002다70075 판결).

귀하는 김채무씨에게 임차보증금 7,000만원 상당의 손해배상을 청구할 수 있습니다.

---

[62] 형법 제315조 경매방해죄는 별론으로 한다.

과실 상계

한편, 경매에 참여하고자 하는 자는 자기의 책임과 위험 부담 아래 경매공고, 매각물건명세서 및 집행기록 등을 토대로 매각 목적물에 관한 권리관계를 분석하여 경매참여 여부 및 매수신고가격 등을 결정하여야 합니다. 그러나 매각기일이 지난 후에 발생한 사정변경에 대하여는 그로 인한 부담을 매수인에게 귀속시킬 수 없습니다(대법원 2002다70075 판결).

귀하가 매각대금을 지급하기 하루 전에 김채무씨는 선순위 근저당권 설정등기를 말소하였습니다. 그러므로 매각대금을 지급하는 당일에 이 아파트의 등기사항 전부증명서를 발급받아 살펴보았다면 귀하는 선순위 근저당권 설정등기가 말소된 사실을 파악할 수 있었을 것입니다.

이러한 사실을 알았더라면 귀하는 선순위 근저당권 설정등기가 말소되어 임차권의 대항력이 존속하게 되었으므로 매각대금을 지급하지 하지 않고, '부동산에 관한 중대한 권리관계가 변동된 사실이 매각허가결정의 확정 뒤에 밝혀졌다'는 사유(민집 127조 1항)로 법원에 매각허가결정 취소 신청을 하였을 것입니다. 그런데 귀하는 이러한 신청을 하지 아니하였고, 이는 과실입니다.

결국, 김채무씨가 부담해야 할 손해배상의 범위는 귀하의 과실비율에 따라 정해질 것으로 판단됩니다.

제 8 장

기타 권리관계

. . . .

상황 1.
근저당권 소멸 사실을 모르고 개시결정된
경매에서 매각 대금을 지급했어요

Q

김채무씨는 1억원 상당의 A 토지와 5천만원 상당의 B 토지를 소유하면서 이 2필지 토지에 하늘은행을 채권자로 하여 채권최고액 1억 2천만원의 공동근저당권 설정등기를 마쳐주었습니다.

김채무씨가 근저당 채무의 원리금을 연체하자, 근저당권자인 하늘은행은 우선 A 토지에 대해 경매를 신청하였는데 이 경매절차가 종료될 즈음에 미변제 채권액 9천만원 전액을 변제받을 수 없다고 판단하고 B 토지에 대해서도 경매를 신청하였습니다.

그런데 B 토지에 대한 경매개시결정이 있기 전에 A 토지 경매의 매각대금이 납부된 후 이루어진 배당절차에서 하늘은행은 미변제 채권 9천만원 전액을 배당받았습니다. 이로써 A와 B 토지에 대한 공동근저당권은 소멸하였습니다.

하늘은행은 채권 전부를 변제받았음에도 B 토지에 대한 경매신청을 취하하지 않았고, 이를 알지 못한 법원은 B 토지에 대해 경매개시결정을 하였습니다.

저는 B 토지에 대한 경매절차에 참여하여 최고가 매수신고인이 되어 매각대금을 납부한 후 토지 소유권이전등기를 마쳤습니다.

그 후 B 토지의 전소유자 김채무씨는 B 토지에 대한 경매개시결정 전에 이미 B 토지의 근저당권은 소멸하였으므로 법원의 경매개시결정과 매각허가결정은 무효이고, 따라서 B 토지에 대한 소유권이전등기는 무효라면서 저에게 이 등기의 말소를 요구하고 있습니다.

저는 김채무씨의 요구를 거부할 수 있을까요?

피담보채권의 변제로 저당권이 소멸하였는데도 이를 간과하여 경매개시결정이 되고 그 경매절차가 진행되어 귀하를 최고가 매수신고인으로 한 매각허가결정이 확정된 후, 매각대금이 완납되었다고 하더라도 이 절차와 결정은 무효입니다. 따라서 귀하는 B 토지의 소유권을 취득할 수 없고, 귀하 명의로 된 소유권이전등기는 말소되어야 합니다.

경매개시결정 이전의 피담보 채권 소멸과 이의신청

공동 담보물인 B 토지에 대한 경매신청이 있은 후 법원의 경매개시결정이 있기 전에 피담보채권이 모두 변제(배당)되어 근저당권이 소멸하였으므로 김채무씨는 하늘은행으로 하여금 경매신청을 취하하게 하거나 본인 스스로 경매개시결정에 대한 이의 신청을 하여 법원이 경매개시결정을 취소하고, 경매신청을 기각하도록 했어야 합니다.

그런데 김채무씨는 그렇게 하지 않았고, 채무 변제 여부에 대하여 실질적 심사권이 없는 법원은 하늘은행이 신청한 대로 경매개시결정을 하였습니다. 이에 근저당권 소멸 사실을 알 리 없는 귀하는 경매절차에 참여하여 최고가 매수신고인이 되고, 매각대금을 완납하여 B 토지에 대한 소유권이전등기를 마친 것입니다.

사례에서는 김채무씨가 이의 신청을 하지 않아 진행된 경매절차에서 착오나 과실 없이 최고가 매수신고인이 되어 매각대금을 완납한 귀하가 B 토지에 대한 소유권을 당연히 취득해야 하는 것이 아닌가가 문제 됩니다.

왜냐하면, 매각 대금을 완납한 매수인은 매각 부동산의 소유권을 취득하고, 이는 담보권(저당권, 유치권, 질권, 가등기담보권 등)의 소멸로 영향을 받지 않기 때문입니다(민집 267조 참조).

경매개시결정이 있으면 이해관계인은 매각대금이 모두 지급될 때까지 법원에 경매개시결정에 대한 이의 신청을 할 수 있습니다(민집 86조 1항).[63] 이의 신청은 이해관계인의 권리이나 의무는 아닙니다.

이의 신청을 할 수 있는 이해관계인은 ① 압류채권자와 집행력 있는 정본에 의하여 배당을 요구한 채권자,[64] ② 채무자 및 소유자, ③ 등기부에 기입된 부동산 위의 권리자,[65] ④ 부동산 위의 권리자로서 그 권리를 증명한 사람[66]입니다(민집 90조).

---

63) 여기의 이해관계인은 민사집행법 제90조에 열거된 사람만 해당한다. 이에 속하지 않은 사람은 매각절차에 관하여 사실상 이해관계가 있는 사람이라도 이해관계인으로 취급되지 않는다.

64) 소유권이전에 관한 가등기권자는 이해관계인에 해당하나 가압류 채권자와 가처분 채권자는 이에 해당하지 않는다(대법원 2002다52312 판결).

65) '등기부에 기입된 부동산 위의 권리자'란 경매개시결정 시점이 아닌 경매개시결정등기 시점을 기준으로 그 당시 이미 등기되어 등기부에 나타난 사람을 말하며(대법원 98마2987 결정), 용익물권자(전세권자, 지상권자, 지역권자), 담보물권자(저당권자, 담보가등기권자, 저당채권에 대한 질권자), 환매권자, 등기된 임차권자, 순위보전의 가등기권리자 등이 이에 해당한다. 이들을 '등기된 권리자'라 한다.

66) 유치권자, 점유권자, 건물등기 있는 토지 임차인, 주택임대차보호법에 의한 인도와 주민등록을 마친 주택임차인, 상가건물임대차보호법에 따른 인도와 부가가치세법 등에 의한 사업자등록을 마친 상가건물임차인, 법정지상권자, 분묘기지권자는 권리를 신고하여 증명함으로써 이해 관계인

이의 신청은 강제경매의 경우에는 경매신청 요건의 흠결, 경매개시요건의 흠결 등 개시결정에 대한 절차상의 하자만을 사유로 하고, 임의경매의 경우에는 절차상의 하자 외에 경매의 기본이 되는 저당권의 부존재, 무효, 저당권설정등기의 원인무효, 피담보채권의 무효 또는 변제에 의한 소멸 등 실체상의 사유가 있어도 가능합니다.

피담보 채권이 경매개시결정 전에 소멸된 경우는 물론 개시결정 후 매각대금의 납부 이전까지 소멸하면 이의 신청을 할 수 있습니다(대법원 87다카67 결정).

그런데 경매개시결정 이전에 피담보 채권이 소멸되었는데 부동산 소유자가 이의 신청을 하지 않아서 매각허가결정이 확정되고 매수인이 매각대금을 납부해도 그는 매각 부동산의 소유권을 취득할 수 없습니다(대법원 98다51855 판결).

등기원인인 경매가 무효이므로 무효인 등기원인에 터 잡아 이루어진 등기는 당연히 무효이고, 따라서 매각대금을 납부한 매수인이라도 소유권을 취득할 수 없는 것입니다.

이때의 부동산 소유자는 매각대금을 납부하고 소유권이전등기를 마친 매수인을 상대로 소유권이전등기 말소 청구 소송(소유물방해

이 된다. 이들을 '등기되지 않은 권리증명자'라 한다. 이해관계인이 되는 임차인은 주택 임대차보호법 3조 1항의 규정에 의하여 주택의 인도 및 주민등록을 마친 임차인이면 족하고, 우선변제권 (확정일자까지 받은 임차인이나 소액임차인)까지 있어야 하는 것은 아니다(대법원 94마2134 결정). 주택임대차보호법상의 대항요건을 갖춘 임차인이라도 매각허가결정 이전에 경매법원에 스스로 그 권리를 증명하여 신고하지 않는 한 집행관의 현황조사결과 임차인으로 조사·보고되어 있는지 여부와 관계없이 이해관계인이 될 수 없다(대법원 99마3792 결정). 한편, 경매개시결정등기 후의 제3취득자, 담보권자, 용익권자, 지상권자, 임차권등기명령에 의한 등기권자 등도 이해관계인에 해당한다.

제거 청구, 민법 214조)을 제기하여 그 권리를 구제받을 수 있기 때문에 굳이 이의 신청을 하지 않아도 된다고 이해할 수 있습니다.

그러나 말소 소송 절차 등의 번거로움을 고려한다면 부동산 소유자는 경매절차에서 이의 신청을 하여 경매개시결정이 취소되도록 하는 것이 바람직합니다.

경매개시결정 이후의 피담보 채권 소멸과 이의신청

이와 달리 경매개시결정(압류) 이후에 피담보 채권이 소멸된 경우에는 매각대금이 납부되기 전까지 소유자 등은 반드시 이의 신청을 하여야 합니다.

그렇지 않을 경우, 매각대금을 납부한 매수인은 소유권을 취득하게 되고, 부동산의 전 소유자는 매수인을 상대로 소유권이전등기 말소 청구 소송을 제기하여 매수인의 소유권 취득을 다툴 수 없습니다(민집 267조, 대법원 92마719 결정).

구제 방법

사례의 경우, B 토지에 대한 경매개시결정 당시 A 토지 근저당권의 말소 등기가 되지 않아 근저당권 소멸 여부에 대해 알 수 없습니다. 또한 등기사항 전부 증명서 등 서면을 통한 형식적 심사권이 있을 뿐 당사자 심문 등 실질적 심사권이 없는 집행법원이 후견적 지위에서 진행한 경매절차에 과실이 있다고 할 수도 없습니다. 이를 믿고 경매절차에 참여한 귀하에게도 과실이 없습니다.

그런데 근저당권이 소멸되었음에도 경매절차에서 이의 신청을 하지 않은 김채무씨의 책임을 물을 수도 없습니다. 왜냐하면 토지 소유자 김채무씨로서는 피담보 채권의 변제로 근저당권 소멸되었으므로 경매절차 자체가 무효이고, 무효인 원인에 터 잡은 소유권이전 등기는 당연히 무효 등기이므로 굳이 경매개시결정에 대한 이의신청을 할 필요가 없다고 생각했을 것입니다. 그래서 귀하에게 소유권이전등기가 되더라도 나중에 이는 말소됨이 당연하다고 판단하였을 것이기 때문입니다.

결국, 귀하는 비록 고의나 과실이 없다고 하더라도 김채무씨에게 B 토지의 소유권이전등기를 말소하여 주어야 합니다.

경매절차에서 매각대금을 납부하였으나 소유권을 취득하지 못한 경우, 담보책임이 매매계약이 유효임을 전제로 성립하는 것처럼 만일 경매절차가 유효하다면 경매에 있어서도 담보책임이 성립합니다.[67]

그러나 귀하의 경우처럼 경매절차가 무효인 경우에는 매매에 대한 담보책임 규정을 적용할 수 없습니다. 경매절차가 무효이므로 매각허가결정과 대금 납부의 효력이 없고, 매수인이 납부한 대금은 아무런 법률상 원인이 없이 지급한 금원으로서 매수인은 배당 이전이면 집행법원에 대하여, 배당 이후이면 배당받은 채권자를 상대로 부당이득반환을 구할 수 있을 뿐입니다.

따라서 귀하는 배당 전이면 집행법원을 상대로, 배당 후이면 배당받은 채권자 또는 매각대금을 교부받은 김채무씨 등을 상대로

---

[67] 경매에 관하여 매매에 관한 담보책임 규정을 적용하도록 한 것은 경매가 국가기관에 의하여 강제적으로 진행되기는 하나 그 실질은 사법상 매매이기 때문이고, 담보책임이 매매계약의 유효를 전제로 성립하는 것처럼 경매에 있어서도 경매가 유효한 경우에만 담보책임이 성립한다. 김홍엽, 『민사집행법』, 2017, 234쪽.

부당이득반환 청구를 하여 매각대금을 회수할 수 있습니다(민법 741조).

아울러, 귀하는 김채무씨가 근저당권 소멸 사실을 알면서도 법원에 이의신청을 하지 않았거나 하늘은행이 근저당권이 소멸했음에도 경매를 청구했음을 입증하여 김채무씨나 하늘은행을 상대로 손해배상을 청구할 수도 있습니다(민법 578조 3항).

상황 2.
원인 없이 말소된 가압류등기의 회복에
매수인은 승낙하여야 하나요?

Q

박원소씨는 김본등씨와 짜고 2013. 1. 2. 자신 소유 토지에 법률상 무효인 소유권이전등기청구권 가등기를 마쳤고, 가압원씨는 2015. 2. 5. 이 토지에 청구금액을 3억원으로 하는 가압류등기를 하였습니다. 이후 김본등씨는 이 가등기에 기한 본등기를 하였고, 이에 따라 가압원씨의 가압류등기는 등기관 직권으로 말소되었습니다.

한편, 김본등씨는 자신에게 이 토지의 소유권이 이전 등기됨에 따라 하늘은행에게 채권최고액 3억원의 근저당권 설정등기를 해주었습니다.

그 후 김본등씨가 대출 원리금 상환을 지연하자 하늘은행은 2015. 5. 2. 이 토지에 대해 임의경매신청을 하였고, 저는 이 경매절차에서 매각허가결정을 받아 매각대금을 내고 2016. 5. 5. 소유권이전등기를 마쳤습니다. 참고로 저는 이 경매절차에서 가압류의 부담을 인수한다는 특별매각조건이 없는 상태에서 이 토지를 매수했습니다.

그런데 가압원씨는 김본등씨의 소유권이전청구권 가등기가 법률상 원인 없는 무효의 등기였고, 무효의 등기에 터 잡아 본등기가 이루어졌으므로 자신의 가압류등기가 회복되어야 한다고 하면서 저에게 가압류등기의 말소회복등기절차에 승낙의 의사표시를 하라고 주장하고 있습니다.

제가 이에 응해야 하는 것인가요?

귀하는 위 경매절차에서 가압류의 부담을 인수할 것을 특별매각조건으로 하여 이 토지를 매수한 것이 아니므로 가압류의 효력은 소멸하였고, 이로써 말소된 가압류등기 권리자의 가압류 말소회복등기 절차에 승낙하여야 할 실체법상의 의무가 없습니다. 따라서 이에 대한 승낙의 의사표시를 하지 않아도 됩니다.

실체법상의 승낙의무

말소회복등기는 어떤 등기의 전부 또는 일부가 부적법하게 말소된 경우에 그 말소된 등기를 회복함으로써 처음부터 그러한 말소가 없었던 것과 같은 효력을 보유하게 할 목적으로 행하여지는 등기로서, 말소된 등기가 원인 무효인 경우에는 등기상 이해관계 있는 제3자는 그의 선의나 악의를 묻지 아니하고 권리자의 회복등기절차에 필요한 승낙을 할 의무가 있습니다(대법원 95다39526 판결 등 참조).

사례에서는 원인 무효의 가등기에 터 잡은 본등기가 이루어졌고, 이에 따라 가압원씨의 가압류등기가 직권말소[68]되었으므로 가압

---

(68) 부동산등기법 제92조(가등기에 의하여 보전되는 권리를 침해하는 가등기 이후 등기의 직권말소)
    ① 등기관은 가등기에 의한 본등기를 하였을 때에는 대법원규칙으로 정하는 바에 따라 가등기
    이후에 된 등기로서 가등기에 의하여 보전되는 권리를 침해하는 등기를 직권으로 말소하여

원씨의 가압류 말소등기는 원인 무효이며 말소회복등기가 되어야 할 것이고, 귀하는 이에 대해 알지 못하였다(선의)고 하더라도 가압류말소 회복등기절차에 승낙하여야 할 것으로 보입니다.

그런데 말소회복등기절차에 등기상 이해관계 있는 자의 승낙[69]이 필요한 경우라 하더라도 그 승낙을 하여야 할 실체법상의 의무가 있어야 합니다(대법원 2016다28897 판결 참조). 그렇다면 귀하에게 가압원씨의 승낙요구에 응할 실체법상의 의무가 있는지 여부가 문제됩니다.

실체법상의 의무는 가압원씨의 가압류등기가 유효하고, 이에 따라 원인무효인 가압류말소등기는 회복되어야 하는데 이에 대하여 귀하가 승낙해야 할 의무를 말합니다. 만일 가압원씨의 가압류등기가 무효이거나 소멸되었다면 귀하는 실체법상 의무가 없으므로 승낙할 의무가 없습니다.

특별매각조건과 승낙의무

부동산 경매절차를 규정하는 민사집행법은 절차법이면서도 한편으로는 실체법이기도 합니다. 예컨대, 매각부동산 위의 모든 저당권은 매각으로 소멸된다(민집 91조 제2항)는 규정은 실체법입니다.

사례에서는 가압원씨의 가압류의 효력이 소멸되었는지 여부가 쟁

야 한다.

② 등기관이 제1항에 따라 가등기 이후의 등기를 말소하였을 때에는 지체 없이 그 사실을 말소된 권리의 등기명의인에게 통지하여야 한다.

69) 부동산등기법 제59조(말소등기의 회복)

말소된 등기의 회복을 신청하는 경우에 등기상 이해관계 있는 제3자가 있을 때에는 그 제3자의 승낙이 있어야 한다.

점이고, 만일 가압류의 효력이 소멸되었다면 귀하는 가압류말소 회복등기에 승낙하여야 할 실체법상 의무가 없습니다.

그런데 경매절차에서 가압류의 부담을 매수인이 인수한다는 특별매각조건[70]이 있었다면 가압류의 효력은 소멸하지 아니합니다. 따라서 매수인은 가압류말소 회복등기에 승낙하여야 할 실체법상의 의무가 있고, 승낙의 의사표시[71]를 하여야 합니다.

귀하가 참여한 경매절차에서는 이러한 조건이 없었으므로 가압원씨의 가압류의 효력은 소멸하였습니다. 따라서 귀하에게는 가압류말소 회복등기에 승낙할 실체법상의 의무가 없습니다.

가압류권자의 권리

참고로, 가압류등기 말소되지 않았더라면 가압원씨가 가지는 권리를 살펴봅니다.

이 경우 가압원씨는 ① 박원소씨를 상대로 한 본안소송에서 승소하여 가압류에 기한 본압류로서 강제경매를 신청하거나 ② 강제경매를 신청하지 아니하고 김본등씨의 채권자 하늘은행이 신청한 담보권 실행을 위한 경매에서 참여하는 방법이 있습니다.

ⓐ 가압원씨는 하늘은행이 신청한 담보권실행을 위한 경매가 진

---

70) 법원은 민사집행법 제정 이전에는 매각대상 부동산 위에 등기된 가압류를 매수인이 인수하는 것으로 하여 경매절차를 진행하였는데, 이로 인해 저가 입찰이 됨으로써 채권자의 권리가 침해됨에 따라 그 이후에는 매각물건명세서에 매수인이 이를 인수한다는 특별매각조건이 없는 한 민사집행법 제91조 제2항(매각부동산 위의 모든 저당권은 매각으로 소멸된다)의 법리를 준용하여 가압류 역시 소멸함을 전제로 경매절차를 진행한다.

71) 말소회복등기에 대한 승낙의 의사표시는 구하는 소송의 청구취지는 '피고는 원고에게, 별지목록 기재 부동산에 관하여 ○○○법원 ○○○등기소 ○○○○년 ○월 ○일 접수 ○○○○호로 말소된 가압류등기의 회복등기절차에 승낙의 의사표시를 하라'라고 기재한다.

행 중일지라도 본안소송에서 승소하여 가압류에 기한 본압류로서 강제경매신청을 할 수 있으며, 가압원씨가 신청한 경매절차에서의 매수인이 매각대금 납부를 하였을 경우에는 하늘은행이 신청한 경매절차에서의 매수인의 소유권취득은 무효가 됩니다.

따라서 하늘은행이 신청한 경매절차 진행 중에 가압원씨가 본압류로서 경매신청을 한 때에는 법원은 하늘은행이 신청한 경매절차를 사실상 정지하고 가압원씨의 경매절차를 먼저 진행시킨 후 그 매수인이 매각대금을 납부한 때에는 하늘은행이 신청한 경매절차를 취소하고 매각대금을 가압원씨의 채권에 먼저 배당하게 됩니다.

매각대금을 가압원씨의 채권에 먼저 배당하고 남는 금액이 있을 경우에 제3취득자에 대한 채권자가 그 집행절차에서 가압류의 처분금지적 효력이 미치는 범위 외의 나머지 부분에 대하여는 배당에 참여할 수 있으므로(대법원 2003다40637 판결), 김본등씨의 채권자 하늘은행은 위 경매절차에서 가압원씨의 배당액을 제외한 나머지 금액을 직접 배당받을 수 있습니다.

한편, ⓑ 가압원씨가 본압류로서 강제경매신청을 하지 않고 하늘은행의 신청에 의한 경매절차에서 부동산이 매각이 된 경우, 가압류의 처분금지적 효력이 미치는 매각대금 부분은 가압류채권자가 우선적인 권리를 행사할 수 있고, 제3취득자의 채권자들은 이를 수인하여야 합니다. 이로써 가압류채권자는 그 경매절차에서 당해 가압류목적물의 매각대금에서 가압류결정 당시의 청구금액을 한도로 하여 배당을 받을 수 있으므로(대법원 2006다19986 판결), 가압원씨는 매각대금에서 배당을 받을 수 있습니다.

이와 달리 ⓒ 귀하가 가압류의 부담을 인수한다는 특별매각조건이 없는 상태에서 토지를 매수함으로써 가압원씨의 원인 없이 말소된 가압류의 효력은 소멸하였는 바, 가압원씨는 이 토지의 경매절차에서 배당을 받을 수 없습니다. 당연히 배당을 받거나 배당 신청을 하여야만 배당을 받을 수 있는 가압류채권자(민집 148조 3호, 88조 1항)는 경매개시결정등기 전이나 후에 가압류등기가 되어 있어야 하기 때문입니다.

ⓓ 가압원씨가 하늘은행의 신청에 의한 경매가 종결되기 전에 김본등씨를 상대로 원인무효인 본등기에 의해 직권 말소된 자신의 가압류의 회복등기를 청구하는 소송을 진행하여 승소하였더라면 이에 터 잡아 자신이 신청한 강제경매나 하늘은행의 임의경매 절차에서 배당을 받을 수 있었을 것입니다.

그런데 이러한 절차에 대한 무지 또는 부주의 탓에 가압원씨는 귀하가 참여한 경매절차에서 배당을 받지 못하고, 원인채권에 터 잡아 박원소씨의 다른 재산을 가압류하거나 본안소송에서 승소한 후 집행하는 방법을 찾아야 하는 상황이 되었습니다.

가압류 말소회복등기와 승낙의무

그동안 원인무효로 말소된 등기에 대한 말소회복등기의 실체법상 승낙 의무자는 선의나 악의를 불문하고 승낙해야만 했습니다. 경매절차가 종료된 경우 원인무효로 말소된 가압류등기의 효력이 소멸하는지 아니면 존속하는지 여부에 대한 판례가 정립되지 아니하여 매수인이 그 말소회복등기에 이해관계인으로서 승낙의무가 있는지 혹은 없는지 의문이었습니다.

이와 관련하여, 경매절차에서 매각물건명세서에 매수인이 등기된 가압류를 인수한다는 특별매각조건이 없는 한 원인 없이 말소된 가압류의 효력은 소멸한다는 판결(대법원 2016다28897 판결)이 선고됨으로써 경매절차의 매수인은 특별매각조건이 없으면 원인무효로 말소된 가압류등기에 대한 말소회복등기에 승낙해야 할 실체법상의 의무가 없음이 명백해졌다고 할 것입니다.

근저당권 말소회복등기와 승낙의무

한편, 원인무효로 말소된 근저당권 말소회복등기에 경매절차의 매수인이 이에 승낙할 의무가 있는지도 문제 됩니다. 부동산이 경매절차에서 매각되면 그 매각 부동산에 존재하였던 저당권은 당연히 소멸합니다(민집 91조 2항). 따라서 근저당권 설정등기가 원인 없이 말소된 이후에 그 근저당 목적물인 부동산에 관하여 다른 근저당권자 등 권리자의 신청에 따라 경매절차가 진행되어 매각허가결정이 확정되고 매수인이 매각대금을 완납하였다면 원인 없이 말소된 근저당권도 소멸합니다(대법원 97다43406 판결 등 참조).

결국, 원인 없이 말소된 근저당권설정등기의 회복등기절차 이행과 그 회복등기에 대한 승낙의 의사표시를 구하는 소송 도중에 그 근저당목적물인 부동산에 관하여 경매절차가 진행되어 매각허가결정이 확정되고 매수인이 매각대금을 완납하였다면 그 매각부동산에 설정된 근저당권은 당연히 소멸하므로, 더 이상 원인 없이 말소된 근저당권설정등기의 회복등기절차 이행이나 그 회복등기에 대한 승낙의 의사표시를 구할 법률상 이익이 없습니다(대법원 2013다28025 판결).

즉, 근저당권의 경우에는 민사집행법 제91조 제2항에 의해 당연히 소멸하므로 경매절차의 매수인은 근저당권 말소회복등기에 승낙할 의무가 없다는 것입니다.

반면에 가압류 말소회복등기의 경우에는 매각대금 완납으로 인하여 가압류가 당연히 소멸하는 것이 아니므로 매각물건명세서에 매수인이 이를 인수한다는 특별매각조건이 있는 등으로 인하여 실체법상의 의무가 있다면 경매절차의 매수인은 그 말소회복등기에 승낙의 의사표시를 해야 한다는 점에서 근저당권 말소회복등기와는 차이가 있습니다.

상황 3.
명의신탁으로 매수인과 매각대금을 지급한 사람이 달라요

Q

저는 100억원 상당의 상가건물을 가지고 있었는데 이 건물 등기부에는 하늘은행이 채권최고액 60억원의 근저당권 설정등기를 해놓은 상태였습니다. 경기침체로 사업이 어렵게 되자 저는 이 상가건물의 근저당 채무 원리금을 연체하게 되었고, 하늘은행은 이 건물에 대하여 법원에 임의경매를 신청하여 경매절차가 진행되었습니다.

감정평가액이 100억원인 이 건물에는 수십 명의 임차인이 있고, 저와 공모한 허위의 유치권자가 있는 등 권리관계가 복잡하게 얽혀 있었습니다.

상황이 이렇다 보니 이 경매는 수차례 유찰되었고, 마침내는 감정가의 50% 수준까지 최저매각가격이 정해지기에 이르렀습니다. 이 건물의 임차인 등 권리관계를 잘 알고 있던 소유자인 저는 제가 직접 경매절차에 참여하여 매수신청을 할 수 없다는 점을 알고 있던 터라, 처남 최수탁에게 이 경매절차에 참여하여 매수신청을 하여 달라고 부탁하였습니다.

그러면서 저와 최수탁은, 최수탁이 최고가 매수인이 되어 매각허가결정이 되면 매각 대금은 제가 전부 부담하되 최수탁 명의로 소유권이전 등기를 마친 다음 이른 시일 내에 저에게 명의신탁 해지를 원인으로 한 소유권이전 등기를 하기로 하는 명의신탁 약정[72]서를 작성하였습니다.

그런데 막상 최수탁은 자신이 이 경매절차에서 50억원에 매수신청하여 최고가 매수인이 되고 매각허가결정이 나서 제가 매각 대금을 전부 납부함으로써 그 앞으로 소유권이전등기를 마치자, 태도가 돌변하여 당초 약정과는 달리 이 건물의 소유 명의를 저에게 이전해 주려고 하지 않고 있습니다.

저는 당초의 명의신탁 약정에 터 잡아 명의신탁 해지를 원인으로 하여 최수탁 이름으로 되어 있는 이 건물의 소유권의 명의를 제 앞으로 가져올 수 있는지요?

귀하와 최수탁씨 사이에는 명의신탁 관계가 성립하는 바, 명의신탁 약정은 부동산 실권리자명의 등기에 관한 법률 규정상 무효입니다. 그러나 경매의 공법상 처분으로서의 성질, 소유자는 경매절차에서 매수인의 결정 과정에 아무런 관여를 할 수 없는 점, 경매절차의 안정성 등을 고려할 때 경매절차에서의 최수탁씨의 소유권 취득은 무효라 할 수 없습니다.

최수탁씨의 소유권 취득이 유효함에도 불구하고 귀하는 그에게

---

72) '명의신탁약정'이란 부동산에 관한 소유권이나 그 밖의 물권을 보유한 자 또는 사실상 취득하거나 취득하려고 하는 자가 타인과의 사이에서 대내적으로는 실권리자가 부동산에 관한 물권을 보유하거나 보유하기로 하고 그에 관한 등기는 그 타인의 명의로 하기로 하는 약정을 말한다(부동산 실권리자명의 등기에 관한 법률 2조 1호).

명의신탁해지를 원인으로 한 소유권이전등기를 해줄 것을 요구할 수 없습니다. 다만, 부동산 매수자금 상당의 부당이득 반환을 청구할 수는 있습니다.

매수신청인의 자격

경매절차에서 입찰에 참여하여 매수신청을 할 수 없는 자는 ① 채무자, ② 경매절차에 관여한 집행관, ③ 매각부동산을 평가한 감정인(민집규 59조), ④ 민사집행절차에서 매각에 관하여 형법에 규정한 죄로 유죄판결을 받고 그 판결확정일로부터 2년이 지나지 아니한 자(민집 108조 4호), ⑤ 재경매절차에서의 전매수인(민집 138조 4항) 등입니다.

매수신청을 할 수 있는 자는 ① 채권자, 담보권자, 제3취득자, ② 물상보증인(채무자 아닌 소유자), ③ 채무자의 가족 등입니다.

매수신청을 할 수 있는 자는 그 자격증명을 하여야 하는데, 개인이 매수신청하는 경우 주민등록등본, 법인의 대표자 등이 매수신청하는 경우 법인등기사항증명서,[73] 법정대리의 경우 가족관계증명서, 임의대리인의 경우 대리위임장과 인감증명서(중개업자의 경우는 위임장, 인감증명서 및 매수신청대리인등록증 사본), 2인 이상이 공동으로 매수신청하는 경우 공동 매수신고서 및 공동 매수신청인 목록입니다(재민 2004-3, 19조).

---

[73] 입찰절차에서 요구되는 신속성, 명확성 등을 감안할 때 법인등기사항증명서로 자격을 증명하는 원칙은 획일적으로 적용되어야 하므로, 경매절차에서 법인 대표자의 자격은 법인등기사항증명서에 의하여 증명하여야지 법인 인감의 동일성을 증명하는 서류일 뿐 대표자의 자격을 증명하는 서류로 볼 수 없는 법인인감증명서로 증명할 수는 없다(대법원 2014마682 결정).

귀하는 이 건물의 소유자로서 채무자입니다. 이 건물이 경매절차에서 당초 감정평가액의 절반 가격 수준으로 매각되어 버린다면 근저당 채무 일부를 변제하지 못하고 임차인들에게 임차보증금을 반환하지도 못하게 되며, 다 갚지 못한 채무와 임차보증금을 그대로 부담해야 하는 한편, 건물의 소유권마저 잃게 되는 상황에 처해 있었습니다.

귀하는 채무자가 경매절차에서 매수신청인이 될 수 없다는 점을 알고 있었기 때문에 처남 최수탁씨를 내세워 매수신청을 하게 한 것입니다. 이에 매각대금은 귀하의 자금으로 납부한 후 부동산 소유 명의만 최수탁씨 앞으로 해 놓되, 실제 소유권은 귀하가 가지고 있거나 향후에 소유권을 이전등기 받겠다는 의도였습니다.

부동산 실권리자명의 등기에 관한 법률

우리나라는 금융거래와 부동산등기에 있어서 실제 권리자 명의의 거래와 등기가 이루어지도록 법제화하고 있습니다. 이에 해당하는 법률이 금융실명거래 및 비밀보장에 관한 법률과 부동산 실권리자명의 등기에 관한 법률(이하 '부동산실명법')입니다.

부동산실명법의 입법 취지는 부동산에 관한 소유권과 그 밖의 물권을 실체적 권리관계와 일치하도록 실권리자 명의로 등기하게 함으로써 부동산 등기제도를 악용한 투기·탈세·탈법행위 등 반사회적 행위를 방지하고 부동산 거래의 정상화와 부동산 가격의 안정을 도모하여 국민경제의 건전한 발전에 이바지하는 데에 있습니다.

부동산실명법에 따르면 귀하와 최수탁씨 사이의 명의신탁약정은 무효이고, 명의신탁약정에 따른 등기로 이루어진 부동산에 관한 물권변동은 무효입니다. 다만, 이 경우에도 부동산에 관한 물권을 취득하기 위한 계약에서 명의수탁자가 어느 한쪽 당사자가 되고 상대방 당사자는 명의신탁약정이 있다는 사실을 알지 못한 경우에는 그 물권 변동은 유효합니다.[74]

예컨대, 명의신탁자인 귀하와 명의수탁자인 최수탁씨가 특정 부동산을 매수하기로 하고, 그 부동산 소유자에게는 최수탁씨가 매수인이 된다고 하면서, 즉 부동산 소유자는 명의신탁관계를 모르고 최수탁씨를 실제 매수자로 알고 있는 상태에서, 매매대금을 전부 치른 후 최수탁씨 앞으로 소유권이전등기를 한 경우, 이 등기는 유효하다는 것입니다.

부동산실명법상의 악의의 상대방 당사자와 부동산 경매

사례에서는 ① 명의수탁자인 최수탁씨의 명의로 등기된 이 건물의 소유권이 누구에게 속하는지, ② 명의신탁약정이 있다는 사실을 상대방 당사자가 알고 있지 않은 경우에 한하여 소유권이전 등기 등 물권변동이 유효하다고 규정한 부동산실명법 4조 2항 단서를 고려할 때, 귀하를 상대방 당사자로 본다면 명의신탁약정 사실을 알고 있는 상태에서 이루어진 물권변동은 무효가 아닌지, ③ 무효가 아니라면 이미 이루어진 소유권 이전등기를 귀하 명의로 이

---

74) 부동산 실권리자명의 등기에 관한 법률 제4조(명의신탁약정의 효력)
 ① 명의신탁약정은 무효로 한다.
 ② 명의신탁약정에 따른 등기로 이루어진 부동산에 관한 물권변동은 무효로 한다. 다만, 부동산에 관한 물권을 취득하기 위한 계약에서 명의수탁자가 어느 한쪽 당사자가 되고 상대방 당사자는 명의신탁약정이 있다는 사실을 알지 못한 경우에는 그러하지 아니하다.
 ③ 제1항 및 제2항의 무효는 제3자에게 대항하지 못한다.

전등기할 수 있는지가 문제 됩니다.

부동산 경매절차에서 부동산을 매수하려는 사람이 매수대금을 자신이 부담하면서 타인의 명의로 매각허가결정을 받기로 약정하고 그 타인이 경매절차에 참여하여 매각허가가 이루어진 경우에도 그 경매절차의 매수인은 어디까지나 그 이름을 빌려준 타인입니다.

따라서 경매 목적 부동산의 소유권은 매수대금을 실질적으로 부담한 사람이 누구인가와 상관없이 매각허가결정을 받은 매수인이 취득하고, 이 경우 매수대금을 부담한 사람과 이름을 빌려 준 사람 사이에는 명의신탁관계가 성립합니다.

이때, 매수대금을 부담한 명의신탁자와 명의를 빌려 준 명의수탁자 사이의 명의신탁약정은 부동산실명법 제4조 제1항에 의하여 무효입니다. 그러나 경매절차에서의 소유자가 위와 같은 명의신탁약정 사실을 알고 있었거나 소유자와 명의신탁자가 동일인이라고 하더라도 그러한 사정만으로 명의수탁자의 소유권취득이 부동산실명법 제4조 제2항에 따라 무효로 된다고 할 수는 없습니다.

왜냐하면, 비록 경매가 사법상 매매의 성질을 보유하고 있기는 하나 다른 한편으로는 법원이 소유자의 의사와 관계없이 그 소유물을 처분하는 공법상 처분으로서의 성질을 아울러 가지고 있고, 소유자는 경매절차에서 매수인의 결정 과정에 아무런 관여를 할 수 없는 점, 경매절차의 안정성 등을 고려할 때 경매부동산의 소유자를 위 제4조 제2항 단서의 '상대방 당사자라고 볼 수는 없기 때문입니다(대법원 2012다69197 판결).

명의신탁과 경매절차에서의 소유관계

결국, 귀하 소유인 이 상가 건물에 관한 경매절차에 최수탁씨가 참여하여 그 소유 명의를 최수탁씨에게 신탁하여 두기로 하는 내용의 약정이 있고, 이 약정이 무효라고 하더라도 최고가 매수인인 명의수탁자 최수탁씨는 이 건물의 소유권을 유효하게 취득하였습니다.

최수탁씨가 이 건물의 소유권을 유효하게 취득함에 따라 귀하가 최수탁씨에게 명의신탁 해지를 원인으로 한 소유권 이전 등기 청구 등 권리를 행사할 수 있는지가 문제 됩니다.

명의신탁자가 명의수탁자에게 청구할 수 있는 권리는 부동산실명법 시행 전후에 따라 구분됩니다.

명의신탁자의 명의수탁자에 대한 권리

부동산실명법 시행 이전에 이루어진 명의신탁에 의한 물권취득의 경우 명의수탁자는 그가 취득한 부동산 자체를 부당이득하였으므로 명의신탁자에게 자신이 취득한 당해 부동산을 반환할 의무가 있습니다(대법원 2000다21123 판결). 따라서 명의신탁자는 명의수탁자로부터 명의신탁 해지를 원인으로 하여 소유권 이전 등기를 받을 수 있습니다.

그러나 명의신탁약정이 부동산실명법 시행(1995. 7. 1. 시행) 후인 경우에는 명의신탁자는 애초부터 당해 부동산의 소유권을 취득할 수 없었으므로 명의신탁약정의 무효로 인하여 명의신탁자가 입은 손해는 당해 부동산 자체가 아니라 명의수탁자에게 제공한 매수자금이라 할 것이고, 따라서 명의수탁자는 당해 부동산 자체가 아니라 명의신탁자로부터 제공받은 매수자금을 부당이득하였으므로 그 자금을 반환하여야 하며, 명의신탁자에게 소유권 이전등기를 해 주어야 하는 것은 아닙니다(대법원 2002다66922 판결 참조).

사례는 부동산실명법 시행 이후에 이루어진 명의신탁으로 보이므로 귀하는 최수탁씨로부터 명의신탁해지를 원인으로 한 소유권 이전등기를 받을 수 없고, 경매 부동산을 매수하면서 들어간 돈을 반환받을 수 있습니다.

양도소득세

최수탁씨 명의로 되어 있는 부동산이 매도될 경우 발생하는 양도세는 부동산 소유 명의자인 최수탁씨가 납부해야 합니다.

다만, 귀하가 자신의 의사에 따라 위 부동산을 제3자에게 매도하여 그 매매대금을 수령하고 최수탁씨는 매수대금을 부담한 귀하에게 위 부동산을 반환하기로 한 약정의 이행으로서 직접 위 제3자에게 소유권이전등기를 경료해 준 경우에는 귀하가 양도소득을 사실상 지배·관리·처분할 수 있는 지위에 있어 '사실상 소득을 얻은 자'라고 할 것이므로 실질과세의 원칙상 그 매수대금을 부담한 귀하가 양도소득세 납세의무를 부담합니다(대법원 2009두19564 판결).

상황 4.
상속부동산에 대한 경매에서 가압류권자는 직접 배당받을 수 있나요?

Q

저는 김채무씨에게 1억원을 빌려 주었는데 그가 돈을 갚지 않자, 그 소유의 건물에 가압류를 해놓았습니다. 그 후 김채무씨는 사망하였고, 그의 아들인 김상환씨는, 아버지 김채무씨가 진 빚은 10억원이 되는데 자신이 상속하게 된 아버지 소유의 건물 가치는 6억원에 불과하므로 그 6억원의 범위 내에서 아버지의 빚을 갚겠다고 법원에 상속 한정승인을 신청하여 수리되었습니다.

그 후 김상환씨는 법원으로부터 상속재산 관리인으로 선임되었고, 아버지가 진 빚을 갚기 위해 상속받은 6억원 상당의 건물을 매물로 내놓았습니다. 그러나 부동산경기의 침체로 이를 사려는 사람이 없게 되자, 김상환씨는 하는 수 없이 이 건물을 매각하여 달라면서 법원에 경매신청을 하였습니다.

경매절차가 진행되어 황매수씨가 이 건물을 4억원에 매수하였습니다. 이 건물에 대한 가압류채권권자인 저는 배당절차에서 김채무씨에게 빌려준 1억원을 직접 배당받을 수 있을까요?

A

상속 재산에 대한 형식적 경매의 경우에는 배당요구가 허용되지 않고 배당절차가 존재하지 아니합니다. 따라서 부동산 가압류권자인 귀하는 집행법원으로부터 배당을 받을 수는 없고 상속재산관리인이 법원으로부터 교부받은 매각대금에서 채권을 변제받아야 합니다.

배당절차

법원은 매각대금이 지급되면 배당절차를 밟아야 합니다(민집 145조 1항). 이때 채권자가 1인 뿐이거나 수인의 경합이 있더라도 매각대금이 집행비용 및 각 채권자의 채권을 만족시키기에 충분한 경우에는 그 채권액을 배당하고 잔액을 채무자·소유자에게 교부하면 됩니다. 그러나 배당에 참여한 모든 채권자를 만족하게 할 수 없는 때에는 민법 및 상법 그 밖의 법률에 의한 우선순위에 따라 배당하여야 합니다(민집 145조 2항).

배당요구를 하지 않더라도 배당절차에서 당연히 배당받는 권리자는 배당요구 종기까지 경매신청을 한 압류채권자, 첫 경매개시결정등기 전에 등기된 가압류채권자, 저당권·전세권·조세채권자, 기타 우선변제청구권으로서 첫 경매개시결정등기 전에 등기되었고 매각으로 소멸하는 것을 가진 채권자입니다(민집 148조).

따라서 이러한 자들이 배당요구 및 채권계산서를 제출하지 않았더라도 당연히 배당요구를 한 것과 동일하게 취급되므로 집행법원은 이들을 배당에서 제외할 수는 없습니다(대법원 95다34415 판결).

한편, 배당요구 종기까지 반드시 배당요구를 하여야만 배당받을 수 있는 권리자는 집행력 있는 정본을 가진 채권자, 경매개시결정이 등기된 뒤에 가압류한 채권자, 민법 및 상법 그 밖의 법률에 의하여 우선변제청구권이 있는 채권자입니다(민집 88조 1항). 배당요구를 하지 않는다면 집행법원이 이들의 존재를 알 수 없기 때문입니다.

따라서 실질적 경매에서는, 첫 경매개시결정등기가 이루어지기 전에 해당 부동산에 가압류한 채권자는 경매절차가 종료된 후 매각대금에서 배당받을 권리가 있습니다[75](민집 148조 3호).

형식적 경매와 배당

이러한 법률 규정을 볼 때, 형식적 경매의 경우에도 첫 경매개시결정등기 전에 등기된 가압류채권자가 경매절차가 진행되어 매각대금이 납부되고 경매절차가 종료된 후 집행법원이 행하는 배당절차에서 직접 배당을 받을 수 있는지가 문제 됩니다.

형식적 경매의 절차는 담보권 실행을 위한 경매의 예에 따라 실시되고(민집 274조 1항), 담보권 실행을 위한 경매절차는 민사집행법 제148조(민집 268조)를 준용하기 때문입니다.

그런데 상속재산에 대한 형식적 경매는 한정승인자가 상속재산

---

75) 집행법원은 배당일에 가압류채권자에 배당금을 직접 배당하는 것이 아니라 관할법원에 공탁을 하여야 하는데(민집 160조 1항 2호) 이 공탁금은 본안 소송에서 승소한 가압류채권자가 ① 배당금 교부신청서, ② 가압류 결정문, ③ 가압류 신청서 사본, ④ 집행력있는 판결 정본, ⑤ 송달 및 확정증명, ⑥ 소장 사본 등을 배당계에 제출한 후 배당계로부터 지급위탁서와 출급 증명서를 교부받아 공탁계에 제출하면 출급할 수 있다. 한편, 가압류의 피보전채권이 존재하지 않는다는 본안판결이 확정되거나 가압류결정취소 등에 의하여 가압류집행이 취소된 때에는 공탁된 배당액은 아직 만족하지 못한 채권자가 있으면 추가배당을 하여야 하고(민집 161조 2항 1호), 그렇지 않으면 채무자(강제경매), 소유자(임의경매) 또는 채무자·소유자 외의 항고인(강제·임의경매)에게 지급하여야 한다. 배당액이 공탁된 가압류채권자가 본안소송에서 일부 승소의 확정판결을 받은 경우에는 그 승소 확정된 금액을 기준으로 배당액을 재차 조정하여 공탁된 배당액 중 그 조정된 금액만을 가압류채권자에게 지급하고 나머지는 다른 채권자들에게 배당하는 방식의 추가배당을 하여야 한다(대법원 2003다32681 판결).

의 한도로 상속채권자나 유증받은 자에 대하여 일괄하여 변제하기 위하여 청산을 목적으로 당해 재산을 현금화하는 절차입니다 (민법 1037조, 민집 274조).

따라서 상속재산에 대한 형식적 경매 제도의 취지와 목적, 관련 민법 규정의 내용, 한정승인자와 상속채권자 등 관련자들의 이해관계 등을 고려할 때 일반채권자인 상속채권자는 민사집행법이 아닌 민법(1034조,[76] 1035조, 1036조 등)의 규정에 따라 변제받아야 하고, 그 경매절차에서는 배당요구가 허용되지 않습니다.[77]

민법 제1034조의 배당변제 등의 절차에 따라 상속채권자들에게 일괄적으로 변제할 수 있게 하기 위하여 경매에서의 배당절차를 거치지 아니하고 매각대금을 상속재산관리인에게 교부하는 것이, 변제를 하기 위하여 상속재산의 전부나 일부를 매각할 필요가 있는 때에는 민사집행법에 의하여 경매하여야 한다(민법 1037조)는 형식적 경매제도의 취지에 부합하고, 다수의 상속채권자가 존재하고 일반 채권자에 불과한 가압류채권자를 다른 상속채권자들과 동등하게 취급하는 것이 형평에 맞기 때문입니다(대법원 2012다33709 판결).

결국 상속재산에 대한 형식적 경매에서는 배당요구가 허용되지 않고 배당절차가 존재하지 않으므로 일반채권자에 불과한 가압류채권자, 대항력 및 확정일자를 갖춘 임차인 등 당해 부동산에 대

---

76) 한정승인자는 상속재산으로서 그 기간 내에 신고한 채권자와 한정승인자가 알고 있는 채권자에 대하여 각 채권액의 비율로 변제하여야 한다. 그러나 우선권 있는 채권자의 권리를 해하지 못한다(민법 1034조 1항).

77) 상속부동산에 관하여 형식적 경매절차가 아닌 담보권 실행을 위한 경매절차가 진행된 경우 비록 한정승인 절차에서 상속채권자로서 신고한 자라고 하더라도 집행권원을 얻어 그 경매절차에서 배당요구를 함으로써 일반채권자로서 배당받을 수 있다(대법원 2010다14599 판결).

하여 채권을 가진 자는 집행법원으로부터 배당을 받는 것이 아니라 상속재산 관리인이 법원으로부터 교부받은 매각대금에서 안분배당 또는 우선 배당(우선변제권이 있는 채권자)을 받아야 합니다.

참고로, 상속재산에 대한 형식적 경매에서 부동산을 취득한 매수인은 상속재산 관리인이 행한 배당에서 채권을 전부 만족하지 못한 대항력 있는 임차인 등에 대하여는 그 채무를 인수하게 될 수 있음을 고려하여야 할 것입니다(인수주의).

한편, 소멸주의를 법정매각조건으로 하여 실시하는 광의의 형식적 경매인 유치권에 의한 경매의 경우에는 우선채권자뿐만 아니라 일반 채권자의 배당요구도 허용되며, 유치권자는 일반채권자와 동일한 순위로 배당받을 수 있으므로(대법원 2010마1059 결정) 배당요구가 허용되고 배당절차가 진행될 수 있습니다.

상황 5.
'부동산 인도'와 '부동산 명도'의 차이는 무엇인가요?

Q

저는 나소유씨로부터 미용실 용도로 점포를 임차하였는데 영업 중 장사가 되지 않자 집기를 그대로 놔둔 채 미용실 문을 닫고 폐업하였습니다.

나소유씨는 저에게 미용 집기 등을 치우고 점포를 넘겨 줄 것을 요구했으나 이에 응하지 않자 건물 명도소송을 제기하였고, 법원은 저에게, "나소유씨에게 건물을 인도하고, 인도 완료일까지 월 80만원을 지급하라"고 판결하였습니다.

나소유씨는 이 판결문에 터 잡아 제 소유의 아파트에 대하여 강제경매를 신청하였습니다. 이에 저는 "명도와 인도가 다른 의미인데 판결에서는 명도가 아닌 인도를 명하고 있으므로, 미용 집기 등이 그대로 있더라도 인도의무를 모두 이행하였다"는 내용을 청구원인으로 하여 청구이의의 소를 제기하였습니다.

저는 이 소송에서 승소할 수 있을까요?

구 민사소송법은 부동산 등의 인도청구 집행이라는 제목으로 '채무자가 부동산, 선박을 인도 또는 명도할 때'라면서 점유를 현상 그

대로 이전시키는 '인도'와 부동산 안에 있는 점유자의 물품 등을 부동산 밖으로 반출시키고 점유를 이전하는 '명도'를 구분했습니다.

그러나 이 법의 집행에 관한 규정을 대체해 2002년에 제정된 민사집행법은 인도와 명도를 포괄하는 의미로 '인도'를 사용하고 있있습니다. 따라서 건물에 미용 집기 등을 그대로 놓아둔 것은 인도 의무를 이행했다고 볼 수 없습니다.[78]

따라서 귀하는 청구이의의 소송에서 승소할 수 없습니다.

인도명령과 명도소송

실무에서 매수인이 매각 대금을 낸 뒤 6월 이내에 집행법원에 채무자·소유자 또는 부동산 점유자를 상대로 자신에게 부동산을 넘겨 줄 것을 신청하는 것을 인도명령이라고 하고, 매각대금을 낸 후 6월이 지난 이후에 위와 같은 내용의 소송을 제기하는 것을 명도소송이라고 합니다.

그러나 현행 민사집행법이 '인도'와 '명도'를 포괄하여 '인도'라고 하고 있으므로 '부동산 안에 있는 점유자의 물품 등을 부동산 밖으로 반출시키고 점유를 이전하라'는 소송 제기 시 '명도소송'이 아니라 '인도소송'이라고 하는 것이 법률규정에 부합합니다.

청구이의의 소송과 강제집행 정지

청구이의의 소[79]는 채무자가 집행권원에 표시된 청구권에 관하

---

78) 대구지방법원 2013나22919 판결 참조.
79) 임의경매에서 채무자가 경매절차를 정지시키려면 경매개시결정에 대한 이의신청을 하고 집행정지명령을 받거나 그 담보권의 효력을 다투는 소송(채무부존재 확인소송, 근저당권 말소소송 등)을

여 생긴 실체적 사유를 내세워 그 집행권원이 가지는 집행력의 배제를 구하는 소송[80]입니다(민집 44조). 따라서 집행권원의 전반적인 집행력의 배제를 구하는 것이 아니라 이미 실시된 개개의 구체적인 집행처분의 불허를 구하는 것은 허용되지 않습니다(대법원 71다1008 판결).

청구이의의 원인은 집행권원에 표시된 청구권의 전부 또는 일부를 소멸하게 하거나 영구적 또는 일시적으로 효력을 잃게 하는 것을 이유로 하여야 합니다.

청구이의의 구체적 원인은 다음과 같습니다.

① 청구권의 전부·일부 소멸: 변제, 일부변제, 대물변제, 경개, 소멸시효 완성, 면제, 포기, 상계, 공탁, 혼동, 계약해제, 화해, 이행불능 등
② 청구권의 귀속변동: 청구권의 양도, 전부명령 확정, 면책적 채무인수 등
③ 청구권의 효력정지: 기한의 유예, 합의연기, 이행조건 변경 등
④ 부집행의 합의

강제집행 정지는 집행기관이 집행절차를 더 이상 진행시키지 않는 것을 말합니다.

제기하고 집행정지명령을 받아 그 절차의 진행을 정지시킬 수 있을 뿐이고 직접 경매의 불허가를 구하는 청구이의의 소를 제기할 수는 없다(대법원 2002다43684 판결).

80) 이와 구분되는 소송으로 제3자이의의 소가 있는데, 이는 집행 목적물의 소유권이 자신에게 있다고 주장하거나 목적물의 양도나 인도를 막을 수 있는 권리가 있다고 주장함으로써 채권자를 상대로 그에 대한 집행력의 배제를 구하는 소송이다(민집 48조 1항).

강제집행 정지의 원인은 다음과 같습니다.

① 강제집행의 일시정지를 명하는 취지를 적은 재판의 정본이 제출된 경우(민집 49조 2호)
② 집행할 판결이 있은 뒤 채권자가 변제를 받았거나 의무이행을 미루도록 승낙한 증서가 제출된 경우(민집 49조 4호)

강제집행이 정지되면 집행기관은 새로운 집행을 할 수 없고 개시된 집행을 속행할 수도 없습니다. 그러나 위와 같은 서류가 제출된 경우에도 이미 행해진 집행처분의 효력을 그대로 유지됩니다(민집 50조 1항).

실무에서 채무자는 제1심 판결 법원에 청구이의 소송을 제기하고 그 접수증명서 또는 소제기 증명원을 발급받은 후 이를 첨부하여 강제집행정지를 신청합니다. 통상적으로 법원은 현금 담보제공(현금공탁)을 명하고, 채무자가 이를 이행하면 강제집행 정지 결정을 합니다. 채무자가 이러한 집행정지 결정 정본을 집행법원에 제출하면 경매절차는 정지됩니다.

그런데 강제집행 정지 결정 정본을 받으면 당연히 경매절차가 정지되는 것으로 오해하여 집행법원에 이 결정 정본을 제출하지 않는 경우가 있습니다. 이러면 경매절차가 계속 진행되어 소유권을 잃을 수 있으므로 이 점은 주의가 필요합니다. 즉, 집행정지 결정 정본을 집행기관에 제출하여야만 집행정지 효력이 발생하는 점을 유념해야 합니다(민집 49조 2호 참조).

인도집행과 그 문제점

사례에서 나소유씨는 이른바 명도소송 판결문을 가지고 집행관을 통해 미용 집기를 들어내는 인도집행을 한 것이 아니라, 미용 집기는 그대로 놔둔 채 곧바로 명도소송 판결 확정 당시의 밀린 차임을 청구채권으로 하여 귀하 소유 아파트에 대해 강제경매를 신청하였습니다.

경매개시결정이 내려지자 귀하는 청구이의의 소를 제기하였으나 패소하여 강제집행 정지가 효력을 잃을 것이므로 미용 집기를 옮기고 밀린 차임을 변제하지 않는 한 아파트의 소유권을 상실한 상황에 처해 있습니다.

경매절차에서 소유권을 취득한 매수인은 관행상 위로 차원에서 점유자·소유자·채무자(이하 '점유자 등')에게 이사 비용 기타 실비를 지급하거나 이사 시기 등을 고려하여 점유기간을 적절하게 인정해주고 있습니다.

그럼에도 불구하고 점유자 등이 지나친 비용을 요구하거나 점유기간의 지나친 연장을 요구하기도 합니다. 한편으로 매수인이 이사 비용 기타 실비를 전혀 지급할 의사가 없는 상황이 발생합니다. 이로 인하여 매수인과 점유자 등의 사이에 적정한 협의가 되지 않아 매수인은 부득이 또는 의도적으로 부동산 인도집행을 할 수밖에 없습니다.

경매 대상 부동산이 매각된 사실을 알게 된 순간, 그 부동산의 점유자 등은 손해 여부에 상관 없이 지인 또는 전문가에게 이에 대한 대응방안을 상의합니다. 이 경우 대부분 지나치게 많은 이사비용 또는 유익비 기타 비용을 요구하거나 무상으로 상당히 긴 기간 동안의 점유를 인정하여 줄 것을 요구함으로써, 마치 점유자 등이 소유권을 취득한 매수인에 대하여 어떤 권리가 있는 것처럼 행세하곤 합니다.

이와 반대로 매수인은 위와 같은 상황에 대비하여 점유자 등을 지나치게 겁박하거나 가차 없는 월세 등을 요구함으로써 극한 대립을 하는 상황이 발생합니다.

극한 대립이 이어질 경우 매수인은 부동산 소유권자로서 이사 기타 비용 이상의 돈을 들여 인도집행을 하고, 점유자 등은 매각 부동산 내부를 훼손하거나 오물 등 쓰레기를 방치하기도 하고, 심지어는 방변 또는 방뇨를 하는 등으로 매수인의 속을 썩이고 손해를 입힙니다.

그러나 마지막 수단으로 인도집행을 통해 가재도구 등 집기 비품을 들어낸다고 해도 이를 보관하는 창고료가 만만치 않고, 나중에 별도의 절차를 통해 가재도구 등 집기 비품에 대한 유체동산 경매를 실행한다고 하더라도 창고료를 충분히 보전받을 수 없다는 문제가 있습니다.

이러한 문제점은 차치하고 이른바 악질 점유자나 임차보증금 전액을 배당받는 등 자신의 권리를 행사한 사람을 제외한 선량한 점유자 등은 어떤 의미에서는 피해자일 수도 있습니다.

따라서 매각 부동산의 매수인은 이들에게 가급적 적정한 비용을 지급하거나 점유기간의 연장을 배려함으로써 우호적인 상황에서 원활하게 점유가 이전될 수 있도록 하여야 합니다. 서로 이해하고 배려하는 것이 비용경제나 인정관념상 바람직합니다.

부록

부동산 등에 대한
경매절차 처리지침

부동산 등에 대한 경매절차 처리지침(재민 2004-3)
[재판예규 제1631호, 시행 2017. 1. 1.]

제1장 총칙

제1조 (목적)

이 예규는 부동산에 대한 강제경매절차와 담보권실행을 위한 경매절차를 정함을 목적으로 한다.

제2조 (용어의 정의)

이 예규에서 사용하는 용어의 정의는 다음과 같다.

1. "보증서"라 함은 민사집행규칙 제64조 제3호, 제70조 제2호의 규정에 따라 은행 등과 지급보증위탁계약을 체결한 문서(경매보증보험증권)를 말한다.

2. "입금증명서"라 함은 법원보관금취급규칙 제9조 제9항에 따라 법원보관금취급규칙의 별지 제3호 서식(법원보관금영수필통지서)이 첨부된 법원보관금취급규칙의 별지 제7-1호 서식을 말한다.

3. "입찰기간등"이라 함은 기간입찰에서의 입찰기간과 매각기일을 말한다.

4. "집행관등"이라 함은 집행관 또는 그 사무원을 말한다.

5. "법원사무관등"이라 함은 법원서기관·법원사무관·법원주사 또는 법원주사보를 말한다.

6. "보증금"이라 함은 지급보증위탁계약에 따라 은행 등이 지급하기로 표시한 금액(보험금액)을 말한다.

제3조 (부동산의 매각방법)

① 부동산은 기일입찰 또는 기간입찰의 방법으로 매각하는 것을 원칙으로 한다.

② 부동산의 호가경매에 관하여 필요한 사항 중 민사집행법과 민사집행규칙에 정하여지지 아니한 사항은 따로 대법원예규로 정한다.

제4조 (선박등에 대한 경매절차에서의 준용)

선박·항공기·자동차·건설기계 및 소형선박에 대한 강제집행절차와 담보권 실행을 위한 경매절차에는 그 성질에 어긋나지 아니하는 범위 안에서 제2장 내지 제6장의 규정을 준용한다.

제2장 매각의 준비

제5조 (미등기건물의 조사)

① 미등기건물의 조사명령을 받은 집행관은 채무자 또는 제3자가 보관하는 관계 자료를 열람·복사하거나 제시하게 할 수 있다.

② 집행관은 건물의 지번·구조·면적을 실측하기 위하여 필요한 때에는 감정인, 그 밖에 필요한 사람으로부터 조력을 받을 수 있다.

③ 제1항과 제2항의 조사를 위하여 필요한 비용은 집행비용으로 하며, 집행관이 조사를 마친 때에는 그 비용 내역을 바로 법원에 신고하여야 한다.

제6조 (배당요구의 종기 결정 등)

① 배당요구의 종기는 특별한 사정이 없는 한 배당요구종기 결정일부터 2월 이상 3월 이하의 범위 안에서 정하여야 한다. 다만, 자동차나 건설

기계의 경우에는 1월 이상 2월 이하의 범위 안에서 정할 수 있다.

② 배당요구의 종기는 인터넷 법원경매공고란(www.courtauction.go.kr; 이하 같다) 또는 법원게시판에 게시하는 방법으로 공고한다.

③ 법 제84조 제2항 후단에 규정된 전세권자 및 채권자에 대한 고지는 기록에 표시된 주소에 등기우편으로 발송하는 방법으로 한다.

④ 「민사집행법」 제84조 제4항에 따라 최고하여야 할 조세, 그 밖의 공과금을 주관하는 공공기관은 다음 각호와 같다.

   1. 소유자의 주소지를 관할하는 세무서

   2. 부동산 소재지의 시(자치구가 없는 경우), 자치구, 군, 읍, 면

   3. 관세청 [공장저당법상 저당권자의 신청에 의한 담보권 실행을 위한 경매사건인 경우, 그 밖의 사건에 있어서 채무자(담보권 실행을 위한 경매에 있어서는 소유자)가 회사인 경우]

   4. 소유자의 주소지를 관할하는 국민건강보험공단

⑤ 배당요구의 종기가 정하여진 때에는 법령에 정하여진 경우(예: 법 제87조 제3항)나 특별한 사정이 있는 경우(예: 채무자에 대하여 경매개시결정이 송달되지 아니하는 경우, 감정평가나 현황조사가 예상보다 늦어지는 경우 등)가 아니면 배당요구의 종기를 새로 정하거나 정하여진 종기를 연기하여서는 아니 된다. 이 경우 배당요구의 종기를 연기하는 때에는 배당요구의 종기를 최초의 배당요구종기결정일부터 6월 이후로 연기하여서는 아니 된다.

⑥ 배당요구의 종기를 새로 정하거나 정하여진 종기를 연기한 경우에는 제1항 내지 제3항의 규정을 준용한다. 다만, 이미 배당요구 또는 채권신고를 한 사람에 대하여는 새로 정하여지거나 연기된 배당요구의 종기를 고지할 필요가 없다.

제7조 (매각기일 또는 입찰기간등의 공고)

① 매각기일 또는 입찰기간등의 공고는 법원게시판에 게시하는 방법으로 한다. 이 경우 법원게시판에는 그 매각기일이 지정된 사건목록과 매각 기일의 일시·장소 및 업무담당부서만을 게시하고(기간입찰에서는 입찰기 간도 게시) 이와 함께 전체 공고사항이 기재된 공고문은 ○○○에서 열람 할 수 있다는 취지의 안내문을 붙이고, 그 공고문을 집행과 사무실(그 밖에 적당한 장소를 포함한다. 이하 같다)에 비치하여 열람에 제공하는 방 식으로 공고할 수 있다.

② 첫 매각기일 또는 입찰기간등을 공고하는 때에는 제1항의 공고와는 별 도로 공고사항의 요지를 신문에 게재하여야 하며, 그 게재방식과 게재 절차는 다음의 기준을 따라야 한다.

　가. 기일입찰의 신문공고 내용은 [전산양식 A3356]에 따라, 기간입찰의 신문공고 내용은 [전산양식 A3390]에 따라 알아보기 쉽게 작성하여 야 한다.

　나. 매각기일 또는 입찰기간등의 공고문은 아파트, 다세대주택, 단독주 택, 상가, 대지, 전·답, 임야 등 용도별로 구분하여 작성하고, 감정평 가액과 최저매각가격을 함께 표시하여야 하며, 아파트·상가 등의 경 우에는 면적란에 등기부상의 면적과 함께 모델명(평형 등)을 표시할 수 있다.

　다. 매각기일 또는 입찰기간등의 공고문에는 그 매각기일에 진행할 사 건 중 첫 매각기일 또는 입찰기간등으로 진행되는 사건만을 신문으 로 공고하며, 속행사건에 대하여는 인터넷 법원경매공고란에 게시 되어 있다는 사실을 밝혀야 한다.

　라. 신문공고비용은 공고비용 총액을 각 부동산이 차지하는 공고지면 의 비율에 따라 나누어 각 사건의 경매예납금 중에서 지출하여야 한다.

③ 법원사무관등은 제1항과 제2항에 규정된 절차와는 별도로 공고사항의 요지를 매각기일 또는 입찰기간 개시일의 2주 전까지 인터넷 법원경매 공고란에 게시하여야 한다.

제8조 (매각물건명세서의 작성·비치 등)

① 매각물건명세서는 매 매각기일 또는 입찰기간 개시일 1주 전까지 작성하여 그 원본을 경매기록에 가철하여야 하고, 이 경우 다른 문서의 내용을 인용하는 방법(예컨대, 현황조사보고서 기재와 같음)으로 작성하여서는 아니 된다.

② 인수 여부가 불분명한 임차권에 관한 주장이 제기된 경우에는 매각물건명세서의 임대차 기재란에 그 임차권의 내용을 적고 비고란에 ○○○가 주장하는 임차권은 존부(또는 대항력 유무)가 불분명함이라고 적는다.

③ 매각물건명세서에는 최저매각가격과 함께 매각목적물의 감정평가액을 표시하여야 한다.

④ 매각물건명세서·현황조사보고서 및 감정평가서의 사본은 일괄 편철하여 매각기일 또는 입찰기간 개시일 1주 전까지 사건별·기일별로 구분한 후 집행과 사무실 등에 비치하여 매수희망자가 손쉽게 열람할 수 있게 하여야 한다. 다만, 현황조사보고서에 첨부한 주민등록 등·초본은 비치하지 아니한다.

⑤ 법원은 전자적으로 작성되거나 제출된 매각물건명세서·현황조사보고서 및 감정평가서의 기재내용을 전자통신매체로 열람하게 하거나 그 출력물을 비치함으로써 그 사본의 비치에 갈음할 수 있다.

제9조 (매각물건명세서의 정정·변경 등)

① 매각물건명세서의 사본을 비치한 이후에 그 기재 내용을 정정·변경

하는 경우에 판사(사법보좌관)는 정정·변경된 부분에 날인하고 비고
란에 "200○.○.○. 정정·변경"이라고 적는다. 권리관계의 변동이 발생
하여 매각물건명세서를 재작성하는 때에는 기존의 매각물건명세서
에 "200○.○.○. 변경 전", 재작성된 매각물건명세서에 "200○.○.○. 변
경 후"라고 적는다. 다만, 전자화된 매각물건명세서의 경우에는 새로
작성하는 매각물건명세서의 비고란에 정정·변경된 내용을 기재하고
"200○.○.○. 정정·변경"이라고 적고 날인은 사법전자서명으로 한다.

② 매각물건명세서의 정정·변경이 그 사본을 비치한 이후에 이루어진 경
우에 정정·변경된 내용이 매수신청에 영향을 미칠 수 있는 사항(예컨
대, 대항력 있는 임차인의 추가)이면 매각기일 또는 입찰기간등을 변경하
여야 한다.

③ 매각물건명세서의 정정·변경이 매각물건명세서의 사본을 비치하기 전
에 이루어져 당초 통지·공고된 매각기일에 매각을 실시하는 경우에 다
음 각호와 같이 처리한다.

  1. 기일입찰에서는 집행관이 매각기일에 매각을 실시하기 전에 그 정
     정·변경된 내용을 고지한다.

  2. 기간입찰에서는 법원사무관등이 집행과 및 집행관 사무실 게시판
     에 그 정정·변경된 내용을 게시한다.

제10조 (사건목록 등의 작성)

① 법원사무관등은 매각기일이 지정된 때에는 매각할 사건의 사건번호를
적은 사건목록을 3부 작성하여, 1부는 제7조 제1항의 규정에 따른 공
고시에 법원게시판에 게시하고(게시판에 게시하는 사건목록에는 공고일자
를 적어야 한다), 1부는 담임법관(사법보좌관)에게, 나머지 1부는 집행관에
게 보내야 한다.

② 법원사무관등은 기간입찰의 공고 후 즉시 입찰기간 개시일 전까지 법

원보관금 취급점(이하 "취급점"이라고 한다)에 매각물건의 표시 및 매각조
건등에 관한 사항을 전송하여야 한다.

제11조 (경매사건기록의 인계)

① 매각기일이 지정되면 법원사무관등은 경매사건기록을 검토하여 매각
기일을 여는 데 지장이 없는 사건기록은 매각기일 전날 일괄하여 집행
관에게 인계하고 매각기일부(전산양식 A3355)의 기록인수란에 영수인을
받아야 한다. 다만, 기간입찰의 경우 법원사무관등은 입찰기간 개시일
이전에 매각명령의 사본을 집행관에게 송부하고 매각명령 영수증(전산
양식 A3343)에 영수인을 받아 기록에 편철한다.

② 법원사무관등은 매각기일이 지정된 사건 중 제1항의 규정에 따라 집행
관에게 인계된 사건기록 외의 사건기록은 즉시 담임법관(사법보좌관)에
게 인계하고 그 사유를 보고한 뒤 담임법관(사법보좌관)의 지시에 따라
처리하여야 한다.

③ 전자기록사건에 있어서는 매각기일이 지정된 사건기록에 대하여 집행
관은 매각기일 전날부터 5일간 열람할 수 있으며, 이 열람으로 경매사
건기록의 집행관 인계에 갈음한다. 이 기간 이외에는 집행관은 일반 열
람신청의 방법에 의하여 경매사건기록을 열람할 수 있다.

제12조 (매각명령의 확인)

집행관은 법원으로부터 인계받은 기록에 매각명령이 붙어 있는지를 확인
한다. 기일입찰의 경우 기록에 매각명령이 붙어 있지 아니한 때에는 법원에
경매절차를 진행할지 여부를 확인하여야 한다.

제13조 (기일입찰에서의 매각사건목록과 매각물건명세서 비치)

① 집행관은 매각기일에 [전산양식 A3357]에 따라 매각사건목록을 작성하

여 매각물건명세서·현황조사보고서 및 평가서의 사본과 함께 경매법정, 그 밖에 매각을 실시하는 장소(이하 "경매법정"이라고 한다)에 비치 또는 게시하여야 한다.

② 제1항의 규정에 따라 비치하는 매각물건명세서·현황조사보고서 및 평가서의 사본은 사건 단위로 분책하여야 한다. 다만, 매각물건명세서·현황조사보고서 및 감정평가서의 기재내용을 전자통신매체로 열람하게 함으로써 그 사본의 비치에 갈음하는 경우에는 사건 단위로 열람할 수 있도록 한다.

제14조 (입찰표등의 비치)

① 기일입찰의 경우 집행과 사무실과 경매법정등에는 기일입찰표(전산양식 A3360), 매수신청보증봉투(전산양식 A3361), 기일입찰봉투(전산양식 A3362, A3363), 공동입찰신고서(전산양식 A3364), 공동입찰자목록(전산양식 A3365)을 비치하여야 한다.

② 기간입찰의 경우 집행과 및 집행관 사무실에 기간입찰표(전산양식 A3392), 기간입찰봉투(전산양식 A3393, A3394), 법원보관금취급규칙의 별지 제7-1호 서식(입금증명서), 공동입찰신고서(전산양식 A3364), 공동입찰자목록(전산양식 A3365)을 비치하여야 한다.

③ 기간입찰의 경우 집행과 및 집행관 사무실에 주의사항(전산양식 A3400)과 필요사항을 적은 기간입찰표 견본을 비치하여야 한다.

제15조 (기일입찰에서의 기일입찰표 견본과 주의사항 게시)

기일입찰을 실시함에 있어서는 경매법정등의 후면에 제31조 제2호 내지 제13호의 주의사항을 게시하고, 기일입찰표 기재 장소에 필요사항을 적은 기일입찰표 견본을 비치하여야 한다.

제3장 기간입찰에서의 입찰등

제16조 (매수신청보증)

① 기간입찰에서 매수신청보증의 제공은 입금증명서 또는 보증서에 의한다.

② 기간입찰봉투가 입찰함에 투입된 후에는 매수신청보증의 변경, 취소가 허용되지 않는다.

제17조 (매각기일의 연기)

매각기일의 연기는 허용되지 않는다. 다만, 연기신청이 입찰공고 전까지 이루어지고, 특별한 사정이 있는 경우에 한하여 그러하지 아니하다.

제18조 (매수신청)

매수신청은 기간입찰표를 입금증명서 또는 보증서와 함께 기간입찰봉투에 넣어 봉인한 다음 집행관에게 직접 또는 등기우편으로 부치는 방식으로 제출되어야 한다.

제19조 (매수신청인의 자격증명등)

① 매수신청인의 자격 증명은 개인이 입찰하는 경우 주민등록표등·초본, 법인의 대표자 등이 입찰하는 경우 법인등기사항증명서, 법정대리인이 입찰하는 경우 가족관계증명서, 임의대리인이 입찰하는 경우 대리위임장, 인감증명서(「본인서명사실 확인 등에 관한 법률」에 따라「인감증명법」에 의한 인감증명을 갈음하여 사용할 수 있는 본인서명사실확인서와 전자본인서명확인서의 발급증을 포함한다. 이하 같다), 2인 이상이 공동입찰하는 경우 공동입찰신고서 및 공동입찰자목록으로 한다.

② 제1항의 서류등은 기간입찰봉투에 기간입찰표와 함께 넣어 제출되어

야 한다.

제19조의2 (매수신청 시 대리권을 증명하는 서면에 첨부되는 서면으로 전자본인서명확인서의 발급증이 제출된 경우의 특칙)

① 집행관이 제19조 제1항에 따라 전자본인서명확인서의 발급증을 제출받았을 때에는 전자본인서명확인서 발급시스템에 발급번호를 입력하고 전자본인서명확인서를 확인하여야 한다.

② 전자본인서명확인서 발급시스템의 장애 등으로 인하여 집행관이 전자본인서명확인서를 확인할 수 없는 경우에는 해당입찰표를 개찰에 포함하여 경매절차를 진행하고, 매수신청인에게 매각기일의 다음날까지 인감증명서 또는 본인서명사실확인서를 제출할 것을 요구할 수 있다. 이 경우 매수신청인은 이미 제출된 위임장 등을 인감증명서 또는 본인서명사실확인서에 맞게 보정하여야 한다. 다만, 매각기일의 다음날까지 장애가 제거된 경우에는 제1항에 따른다.

③ 집행관 외의 기관, 법인 또는 단체에서 전자본인서명확인서를 열람한 사실이 확인된 경우에는 제2항에 따른다.

④ 매수신청인이 제2항에 따른 인감증명서 또는 본인서명사실확인서 제출 등을 이행하지 아니하는 경우에는 해당입찰표는 무효로 본다. 이 경우, 매수신청보증의 처리는 제5장(입찰절차 종결 후의 처리)에 따른다.

제19조의3 (준용규정)

본인서명사실확인서 또는 전자본인서명확인서의 발급증이 첨부된 소송서류 기타 사건관계서류가 제출된 경우의 처리절차는 이 예규에서 특별한 규정이 있는 경우를 제외하고는 그 성질에 반하지 아니하는 한 「본인서명사실확인 등에 관한 법률에 따른 재판사무 등 처리지침(재일 2012-2)」의 규정을 준용한다.

제20조 (직접 제출)

① 집행관에 대한 직접 제출의 경우에는 입찰기간 중의 평일 09:00부터 12:00까지, 13:00부터 18:00까지 사이에 집행관 사무실에 접수하여야 한다.

② 입찰기간의 개시 전 또는 종료 후에 제출된 경우 집행관등은 이를 수령하여서는 안 된다.

③ 집행관등은 기간입찰봉투에 매각기일의 기재 여부를 확인하고, 기간 입찰봉투의 앞면 여백에 접수일시가 명시된 접수인을 날인한 후 접수 번호를 기재한다. 그후 집행관등은 기간입찰 접수부(전산양식 A3395)에 전산등록하고, 기간입찰봉투를 입찰함에 투입한다.

④ 집행관등은 제출자에게 입찰봉투접수증(전산양식 A3396)을 작성하여 교부한다.

⑤ 매수신청인이 제1항의 접수시간 이외에는 기간입찰봉투를 당직근무자에게 제출할 수 있다. 이때 당직근무자는 주민등록증등으로 제출자를 확인한 다음, 기간입찰봉투에 매각기일의 기재 여부, 기간입찰봉투를 봉한 후 소정의 위치에 날인한 여부를 확인한 후 기간입찰봉투 앞면 여백에 제출자의 이름을 기재하고, 접수일시가 명시된 접수인을 날인한 후 문건으로 접수한다.

⑥ 당직근무자는 즉시 제출자에게 접수증(전산양식 A1173)을 교부하고, 다음 날 근무시작 전 집행관사무실에 기간입찰봉투를 인계하고 법원재판사무처리규칙의 별지 제2호 서식(문서사송부) 수령인란에 집행관등의 영수인을 받는다.

제21조 (우편 제출)

① 우편 제출의 경우 입찰기간 개시일 00:00시부터 종료일 24:00까지 접수 되어야 한다.

② 집행관등은 기간입찰봉투에 매각기일의 기재 여부를 확인하고, 기간입찰봉투의 앞면 여백에 접수일시가 명시된 접수인을 날인한 후 접수번호를 기재한다. 그후 집행관등은 기간입찰접수부에 전산등록하고, 기간입찰봉투를 입찰함에 투입한다.

제22조 (입찰의 철회등)

기간입찰봉투가 입찰함에 투입된 후에는 입찰의 철회, 입찰표의 정정·변경 등이 허용되지 않는다.

제23조 (기간입찰봉투등의 흠에 대한 처리)

① 집행관등은 기간입찰봉투와 첨부서류에 흠이 있는 경우 별지 1, 2 처리기준에 의하여 처리한다.

② 집행관등은 흠이 있는 경우 기간입찰봉투 앞면에 빨간색 펜으로 그 취지를 간략히 표기(기간도과, 밀봉안됨, 매각기일 미기재, 미등기우편, 집행관등이외의 자에 제출등)한 후 입찰함에 투입한다.

제24조 (기간입찰봉투의 보관)

① 집행관은 개찰기일별로 구분하여, 잠금장치가 되어 있는 입찰함에 기간입찰봉투를 넣어 보관하여야 한다. 잠금장치에는 봉인을 하고, 입찰기간의 종료 후에는 투입구도 봉인한다.

② 집행관은 매각기일까지 입찰함의 봉인과 잠금상태를 유지하고, 입찰함을 캐비닛식 보관용기에 넣어 보관하여야 한다.

③ 집행관등은 입찰상황이 외부에 알려지지 않도록 주의하여야 한다.

제25조 (경매신청 취하등)

① 경매신청의 취하 또는 경매절차의 취소, 집행정지등의 서면이 제출된

경우 법원사무관등은 즉시 집행관에게 이를 교부하고, 인터넷 법원경
매공고란에 그 사실을 게시하여야 한다.

② 집행관은 제1항에 관한 사건번호, 물건번호, 매각기일등을 집행관 사무
실의 게시판에 게시하여야 한다.

제4장 매각기일의 절차

제1절 총칙

제26조 (매각기일의 진행)

① 매각기일은 법원이 정한 매각방법에 따라 집행관이 진행한다.

② 집행관은 그 기일에 실시할 사건의 처리에 필요한 적절한 인원의 집행
관등을 미리 경매법정등에 배치하여 경매절차의 진행과 질서유지에 지
장이 없도록 하여야 한다.

③ 법원은 경매절차의 감독과 질서유지를 위하여 법원사무관등으로 하여
금 경매법정등에 참여하도록 할 수 있다.

제27조 (매각실시방법의 개요 설명)

집행관은 매각기일에 경매절차를 개시하기 전에 매각실시 방법의 개요를
설명하여야 한다.

제2절 기일입찰

제28조 (매수신청보증)

기일입찰에서 매수신청보증의 제공은 현금·자기앞수표 또는 보증서에 의

한다.

제29조 (매각실시 전 고지)

집행관은 특별매각조건이 있는 때에는 매수신고의 최고 전에 그 내용을 명확하게 고지하여야 한다.

제30조 (매수신청인의 자격 등)

① 집행관은 주민등록증, 그 밖의 신분을 증명하는 서면이나 대리권을 증명하는 서면에 의하여 매수신청인이 본인인지 여부, 행위능력 또는 정당한 대리권이 있는지 여부를 확인함으로써 매수신청인의 자격흠결로 인한 분쟁이 생기지 않도록 하여야 한다.

② 법인이 매수신청을 하는 때에는 제1항의 예에 따라 매수신청을 하는 사람의 자격을 확인하여야 한다.

③ 집행관은 채무자와 재경매절차에서 전의 매수인은 매수신청을 할 수 없음을 알려야 한다.

제30조의2 (준용규정)

기일입찰에서 매수신청 시 대리권을 증명하는 서면에 첨부되는 서면으로 전자본인서명확인서의 발급증이 제출된 경우에는 제19조의2 및 제19조의3을 준용한다.

제31조 (입찰사항·입찰방법 및 주의사항 등의 고지)

집행관은 매각기일에 입찰을 개시하기 전에 참가자들에게 다음 각호의 사항을 고지하여야 한다.

1. 매각사건의 번호, 사건명, 당사자(채권자, 채무자, 소유자), 매각물건의 개요 및 최저매각가격

2. 일괄매각결정이 있는 사건의 경우에는 일괄매각한다는 취지와 각 물건의 합계액

3. 매각사건목록 및 매각물건명세서의 비치 또는 게시장소

4. 기일입찰표의 기재방법 및 기일입찰표는 입찰표 기재대, 그 밖에 다른 사람이 엿보지 못하는 장소에서 적으라는 것

5. 현금(또는 자기앞수표)에 의한 매수신청보증은 매수신청보증봉투(흰색 작은 봉투)에 넣어 1차로 봉하고 날인한 다음 필요사항을 적은 기일입찰표와 함께 기일입찰봉투(황색 큰 봉투)에 넣어 다시 봉하여 날인한 후 입찰자용 수취증 절취선상에 집행관의 날인을 받고 집행관의 면전에서 입찰자용 수취증을 떼어 내 따로 보관하고 기일입찰봉투를 입찰함에 투입하라는 것, 보증서에 의한 매수신청보증은 보증서를 매수신청보증봉투(흰색 작은 봉투)에 넣지 않고 기일입찰표와 함께 기일입찰봉투(황색 큰 봉투)에 함께 넣어 봉하여 날인한 후 입찰자용 수취증 절취선상에 집행관의 날인을 받고 집행관의 면전에서 입찰자용 수취증을 떼어 내 따로 보관하고 기일입찰봉투를 입찰함에 투입하라는 것 및 매수신청보증은 법원이 달리 정하지 아니한 이상 최저매각가격의 1/10에 해당하는 금전, 은행법의 규정에 따른 금융기관이 발행한 자기앞수표로서 지급제시기간이 끝나는 날까지 5일 이상의 기간이 남아 있는 것, 은행등이 매수신청을 하려는 사람을 위하여 일정액의 금전을 법원의 최고에 따라 지급한다는 취지의 기한의 정함이 없는 지급보증위탁계약이 매수신청을 하려는 사람과 은행등 사이에 맺어진 사실을 증명하는 문서이어야 한다는 것

6. 기일입찰표의 취소, 변경, 교환은 허용되지 아니한다는 것

7. 입찰자는 같은 물건에 관하여 동시에 다른 입찰자의 대리인이 될 수 없으며, 한 사람이 공동입찰자의 대리인이 되는 경우 외에는 두 사람 이상의 다른 입찰자의 대리인으로 될 수 없다는 것 및 이에 위반한 입찰은

무효라는 것

8. 공동입찰을 하는 때에는 기일입찰표에 각자의 지분을 분명하게 표시하여야 한다는 것

9. 입찰을 마감한 후에는 매수신청을 받지 않는다는 것

10. 개찰할 때에는 입찰자가 참석하여야 하며, 참석하지 아니한 경우에는 법원사무관등 상당하다고 인정되는 사람을 대신 참석하게 하고 개찰한다는 것

11. 제34조에 규정된 최고가매수신고인등의 결정절차의 요지

12. 공유자는 집행관이 매각기일을 종결한다는 고지를 하기 전까지 매수신청보증을 제공하고 우선매수신고를 할 수 있으며, 우선매수신고에 따라 차순위매수인으로 간주되는 최고가매수신고인은 매각기일이 종결되기 전까지 그 지위를 포기할 수 있다는 것

13. 최고가매수신고인 및 차순위매수신고인 외의 입찰자에게는 입찰절차의 종료 즉시 매수신청보증을 반환하므로 입찰자용수취증과 주민등록증을 갖고 반환신청하라는 것

14. 이상의 주의사항을 장내에 게재하여 놓았으므로 잘 읽고 부주의로 인한 불이익을 받지 말라는 것

제32조 (입찰의 시작 및 마감)

① 입찰은 입찰의 개시를 알리는 종을 울린 후 집행관이 입찰표의 제출을 최고하고 입찰마감시각과 개찰시각을 고지함으로써 시작한다.

② 입찰은 입찰의 마감을 알리는 종을 울린 후 집행관이 이를 선언함으로써 마감한다. 다만, 입찰표의 제출을 최고한 후 1시간이 지나지 아니하면 입찰을 마감하지 못한다.

제33조 (개찰)

① 개찰은 입찰마감시각으로부터 10분 안에 시작하여야 한다.

② 개찰할 때에 입찰자가 한 사람도 출석하지 아니한 경우에는 법원사무
관등 상당하다고 인정되는 사람을 참여하게 한다.

③ 개찰을 함에 있어서는 입찰자의 면전에서 먼저 기일입찰봉투만 개봉하
여 기일입찰표에 의하여 사건번호(필요시에는 물건번호 포함), 입찰목적물,
입찰자의 이름 및 입찰가격을 부른다.

④ 집행관은 제출된 기일입찰표의 기재에 흠이 있는 경우에 별지 3 처리기
준에 의하여 기일입찰표의 유·무효를 판단한다.

⑤ 현금·자기앞수표로 매수신청보증을 제공한 경우 매수신청보증봉투는
최고의 가격으로 입찰한 사람의 것만 개봉하여 정하여진 보증금액에
해당하는 여부를 확인한다. 매수신청보증이 정하여진 보증금액에 미
달하는 경우에는 그 입찰자의 입찰을 무효로 하고, 차순위의 가격으로
입찰한 사람의 매수신청보증을 확인한다.

⑥ 보증서로 매수신청보증을 제공한 경우 보증서는 최고의 가격으로 입
찰한 사람의 것만 정하여진 보증금액에 해당하는 여부를 확인한다. 보
증서가 별지 5 무효사유에 해당하는 경우에는 그 입찰자의 입찰을 무
효로 하고, 차순위 가격으로 입찰한 사람의 매수신청보증을 확인한다.

제34조 (최고가매수신고인등의 결정)

① 최고의 가격으로 입찰한 사람을 최고가매수신고인으로 한다. 다만, 최
고의 가격으로 입찰한 사람이 두 사람 이상일 경우에는 그 입찰자들만
을 상대로 추가입찰을 실시한다.

② 제1항 단서의 경우에는 입찰의 실시에 앞서 기일입찰표의 기재는 최초
의 입찰표 기재방식과 같다.

③ 제1항 단서의 경우에 추가입찰의 자격이 있는 사람 모두가 추가입찰에

응하지 아니하거나 또는 종전 입찰가격보다 낮은 가격으로 입찰한 때
에는 그들 중에서 추첨에 의하여 최고가매수신고인을 정하며, 두 사람
이상이 다시 최고의 가격으로 입찰한 때에는 그들 중에서 추첨에 의하
여 최고가매수신고인을 정한다. 이때 입찰자 중 출석하지 아니한 사람
또는 추첨을 하지 아니한 사람이 있는 경우에는 법원사무관등 상당하
다고 인정되는 사람으로 하여금 대신 추첨하게 된다.

④ 최고가매수신고액에서 매수신청보증을 뺀 금액을 넘는 금액으로 매수
신고를 한 사람으로서 법 제114조의 규정에 따라 차순위매수신고를 한
사람을 차순위매수신고인으로 한다. 차순위매수신고를 한 사람이 두
사람 이상인 때에는 매수신고가격이 높은 사람을 차순위매수신고인으
로 정하고, 신고한 매수가격이 같을 때에는 추첨으로 차순위매수신고
인을 정한다.

제35조 (종결)

① 최고가매수신고인을 결정하고 입찰을 종결하는 때에는 집행관은
"○○○호 사건에 관한 최고가매수신고인은 매수가격 ○○○원을 신고
한 ○○(주소)에 사는 ○○○(이름)입니다. 차순위매수신고를 할 사람은
신고하십시오" 하고 차순위매수신고를 최고한 후, 차순위매수신고가 있
으면 차순위매수신고인을 정하여 "차순위매수신고인은 매수가격 ○○○
원을 신고한 ○○(주소)에 사는 ○○○(이름)입니다"라고 한 다음, "이로써
○○○호 사건의 입찰절차가 종결되었습니다"라고 고지한다.

② 입찰을 마감할 때까지 허가할 매수가격의 신고가 없는 때에는 집행관
은 즉시 매각기일의 마감을 취소하고 같은 방법으로 매수가격을 신고
하도록 최고할 수 있다.

③ 매수가격의 신고가 없어 바로 매각기일을 마감하거나 제2항의 최고에
대하여 매수가격의 신고가 없어 매각기일을 최종적으로 종결하는 때에

는 사건은 입찰불능으로 처리하고 "○○○호 사건은 입찰자가 없으므로 입찰절차를 종결합니다"라고 고지한다.

제3절 기간입찰

제36조 (입금내역통지)

취급점은 집행관의 요청에 따라 매각기일 전날 입금내역서(전산양식 A3397)를 출력하여 집행관에게 송부하여야 한다.

제37조 (개찰)

① 집행관은 매각기일에 입찰함을 경매법정에 옮긴 후, 입찰자의 면전에서 개함한다. 다만, 개찰할 때에 입찰자가 한 사람도 출석하지 아니한 경우에는 법원사무관등 상당하다고 인정되는 사람을 참여하게 한다.

② 집행관은 개찰하기에 앞서 차순위매수신청인의 자격 및 신청절차를 설명한다. 개찰을 함에 있어서는 입찰자의 면전에서 먼저 기간입찰봉투를 개봉하여 기간입찰표에 의하여 사건번호(필요시에는 물건번호 포함), 입찰목적물, 입찰자의 이름 및 입찰가격을 부른다.

③ 집행관은 기간입찰표의 기재나 첨부서류에 흠이 있는 경우에는 별지 2, 4 처리기준에 의하여 기간입찰표의 유·무효를 판단한다.

④ 매수신청보증은 최고의 가격으로 입찰한 사람의 것만 정하여진 보증금액에 해당하는 여부를 확인한다. 입금증명서상 입금액이 정하여진 보증금액에 미달하거나 보증서가 별지 5 무효사유에 해당하는 경우에는 그 입찰자의 입찰을 무효로 하고, 차순위의 가격으로 입찰한 사람의 매수신청보증을 확인한다.

⑤ 집행관은 제23조에 의하여 입찰에 포함시키지 않는 기간입찰봉투도 개봉하여 그 입찰가액이 최고가 또는 차순위 가액인 경우 부적법 사유

를 고지한다.

제38조 (최고가매수신고인등의 결정)

① 최고의 가격으로 입찰한 사람을 최고가매수신고인으로 한다. 다만, 최고의 가격으로 입찰한 사람이 두 사람 이상일 경우에는 그 입찰자들만을 상대로 기일입찰의 방법으로 추가입찰을 실시한다.

② 매각기일에 출석하지 아니한 사람에게는 추가입찰 자격을 부여하지 아니한다. 집행관은 출석한 사람들로 하여금 제1항 단서의 방법으로 입찰하게 하고, 출석한 사람이 1인인 경우 그 사람에 대하여만 추가입찰을 실시한다.

③ 제34조 제3항 및 제4항은 이를 준용한다.

제39조 (종결)

① 제35조 제1항은 이를 준용한다.

② 매수가격의 신고가 없는 경우 집행관은 매각기일을 마감하고, "○○○호 사건은 입찰자가 없으므로 입찰절차를 종결합니다"라고 고지한다.

제5장 입찰절차 종결 후의 처리

제1절 현금·자기앞수표인 매수신청보증의 처리

제40조 (반환절차)

① 입찰절차의종결을 고지한 때에는 최고가매수신고인 및 차순위매수신고인 외의 입찰자로부터 입찰자용 수취증을 교부받아 기일입찰봉투의 연결번호 및 간인과의 일치여부를 대조하고, 아울러 주민등록증을 제

시받아 보증제출자 본인인지 여부를 확인한 후 그 입찰자에게 매수신청보증을 즉시 반환하고 기일입찰표 하단의 영수증란에 서명 또는 날인을 받아 매각조서에 첨부한다.

② 법원이 정한 보증금액을 초과하여 매수신청보증이 제공된 경우 집행관과 법원사무관등은 다음 각호와 같이 처리한다.

1. 집행관은 매각기일에 즉시 제1항의 규정에 따라 매수신청보증 중 초과금액을 반환하고 기일입찰표 하단 영수증란에 반환한 금액을 기재한다. 그러나 즉시 반환할 수 없는 경우(예컨대, 자기앞수표로 제출되어 즉시 반환할 수 없는 경우)에는 집행기록의 앞면 오른쪽 위에 "초과금반환필요"라고 기재한 부전지를 붙인다.

2. 법원사무관등은 매수인이 매각대금을 납부하지 않아 재매각되거나, 최고가매수신고인, 차순위매수신고인 또는 매수인이 매각대금 납부 전까지 반환을 요구한 때에는 취급점에 매수신청보증 중 초과금액을 분리하도록 분리요청을 전송하여야 한다.

제40조의2 (기간입찰에서의 반환절차)

① 매각기일에 매수신청인이 반환을 요구하는 때에는 집행관은 주민등록증등으로 본인인지 여부를 확인한 후 매수신청인에게 매수신청보증을 즉시 반환하고, 기간입찰표 하단의 보증의 제공방법란에 빨간색 펜등으로 "현금 또는 자기앞수표 제출"이라고 기재한 후 기간입찰표 하단의 영수인란에 서명 또는 날인을 받아 매각기일조서에 첨부한다.

② 매각기일에 매수신청인이 반환을 요구하지 아니한 때에는 집행관은 매각기일 당일 법원보관금취급규칙의 별지 1-4호 서식(법원보관금납부서)을 이용하여 "납부당사자 사용란"에 매수신청인의 이름·주민등록번호 등을 기재한 후 "납부당사자 기명날인란"에 대리인 집행관 ○○○라고 기명날인하고, 이를 제출된 현금 또는 자기앞수표와 함께 보관금 취급

점에 제출한다.

제41조 (납부)

집행관은 입찰절차를 종결한 때에는 최고가매수신고인 및 차순위매수신고인이 제출한 매수신청보증을 즉시 취급점에 납부한다.

제2절 입금증명서인 매수신청보증의 처리

제42조 (반환절차)

① 집행관은 입찰절차의 종결 후 즉시 최고가매수신고인과 차순위매수신고인을 제외한 다른 매수신고인의 입금증명서 중 확인란을 기재하여 세입세출 외 현금 출납공무원(이하 출납공무원이라고 한다)에게 송부한다.

② 입금증명서를 제출하지 아니한 사람은 입금증명서를 작성한 후 법원사무관등에게 제출하고, 법원사무관등은 확인란을 기재하여 출납공무원에게 송부한다.

③ 입금증명서가 제출되지 아니한 경우 법원사무관등은 담임법관(사법보좌관)으로부터 법원보관금취급규칙의 별지 제7호 서식의 법원보관금출급명령서를 발부받아 출납공무원에게 송부한다.

④ 입금증명서에 법원이 정한 보증금액을 초과하여 매수신청보증이 제공된 경우 집행관과 법원사무관등은 제40조제2항의 규정에 따라 매수신청보증 중 초과금액을 처리한다.

제43조 (통지)

집행관은 입찰절차를 종결한 때에는 매각통지서(전산양식 A3398)를 작성하여 취급점에 통지하여야 한다.

제3절 보증서인 매수신청보증의 처리

제44조 (반환절차)

① 최고가매수신고인과 차순위매수신고인을 제외한 다른 매수신고인이 입찰절차 종결 후 경매법정에서 보증서의 반환을 신청하는 경우 집행관은 다음 각호와 같이 처리한다.

　　1. 기일입찰에서는 신청인으로부터 입찰자용 수취증을 교부받아 기일입찰봉투의 연결번호 및 간인과의 일치 여부를 대조하고 아울러 주민등록증을 제시받아 보증의 제출자 본인인지 여부를 확인한 후 그 입찰자에게 보증서를 즉시 반환하고 기일입찰표 하단의 영수증란에 서명 또는 날인을 받아 매각조서에 첨부한다.

　　2. 기간입찰에서는 주민등록증을 제시받아 보증의 제출자 본인인지 여부를 확인한 후 그 입찰자에게 보증서를 즉시 반환하고 기간입찰표 하단의 영수증란에 서명 또는 날인을 받아 매각조서에 첨부한다.

② 최고가매수신고인과 차순위매수신고인을 제외한 다른 매수신고인이 기록이 법원에 송부된 후 보증서의 반환을 신청하는 경우 법원사무관 등은 신청인으로부터 주민등록증을 제시받아 보증서의 제출자 본인인지 여부를 확인한 다음, 입찰표 하단의 영수증란에 서명 또는 날인을 받고, 그 입찰자에게 보증서를 반환한다.

제45조 (보증료 환급을 위한 확인)

다음 각호의 경우 입찰자로 하여금 보증료(보험료)의 전부 또는 일부를 환급받을 수 있도록, 기록이 집행관에 있는 때에는 집행관이, 법원에 있는 때에는 법원사무관등이 제출된 보증서 뒷면의 법원확인란 중 해당 항목에 √ 표시 및 기명날인을 한 다음 원본을 입찰자에게 교부하고, 그 사본을 기록에 편철한다.

1. 입찰에 참가하지 않은 경우
2. 매각기일 전 경매신청의 취하 또는 경매절차의 취소가 있었던 경우
3. 별지 5 보증서의 무효사유에 해당하는 경우

제46조 (보증금의 납부최고)

① 법원은 다음 각호의 사유가 발생한 경우 보증금납부최고서(전산양식 A3399)를 작성한 다음 보증서 사본과 함께 보증서를 발급한 은행등에 보증금의 납부를 등기우편으로 최고하고, 그 사본을 작성하여 기록에 편철한다.

1. 매수인이 대금지급기한까지 그 매각대금 전액을 납입하지 아니하고, 차순위매수신고인에 대한 매각허가결정이 있는 경우
2. 차순위매수신고인이 없는 상태에서 매수인이 재매각기일 3일 전까지 매각대금 전액을 납입하지 아니한 경우
3. 매각조건불이행으로 매각불허가결정이 확정된 경우

② 매수인이 차액지급 신고(전산양식 A3427) 또는 채무인수 신고(전산양식 A3428)를 하고, 배당기일에 그 차액을 지급하지 아니하는 경우에 매수인이 납입해야 될 금액이 보증금의 한도 내에 있을 때에는 배당기일을 연기하고, 법원은 즉시 보증금납부최고서를 작성한 다음 보증서의 사본과 함께 보증서를 발급한 은행등에 보증금의 납부를 등기우편으로 최고하고, 그 사본을 작성하여 기록에 편철한다.

제47조 (통지)

법원사무관등은 최고가매수신고인이 매각대금을 납입한 때에는 매각통지서(전산양식 A3398)를 작성하여 취급점에 통지하여야 한다.

제48조 (보증금의 반환통지)

은행등의 보증금 납입 후 경매신청의 취하 또는 경매절차의 취소(이중경매 사건에서는 후행사건도 취하 또는 취소되어야 한다)가 있는 경우 법원사무관등은 은행등에 보증금의 반환을 통지한다.

제6장 보칙

제49조 (기록인계등)

① 집행관은 경매절차를 종결한 때에는 최고가매수신고인 및 차순위매수 신고인에 대한 정보를 전산으로 입력·전송한 후 사건기록을 정리하여 법원에 보내야 한다.

② 집행관은 전자기록사건에 있어서 경매절차를 종결한 때에는 최고가매 수신고인 및 차순위매수신고인에 대한 정보를 전산으로 입력·전송하고, 입찰표, 입찰조서를 전자화하여 대한민국법원 전자소송시스템을 통하 여 제출한다. 이 경우 전자화한 입찰표 원본도 정리하여 함께 법원에 보내야 한다.

제50조 (매각허가결정의 공고방법)

매각허가결정은 법원게시판에 게시하는 방법으로 공고하여야 한다.

제51조 (매각불허가결정의 이유 기재)

매각불허가결정에는 불허가의 이유를 적어야 한다.

제52조 (소유권이전등기의 촉탁)

① 매수인이 매각대금을 모두 낸 후 법원사무관등이 매수인 앞으로 소유

권이전등기를 촉탁하는 경우 그 등기촉탁서상의 등기원인은 강제경매 (임의경매)로 인한 매각으로, 등기원인일자는 매각대금을 모두 낸 날로 적어야 한다[기재 예시 : 200○.○.○. 강제경매(임의경매)로 인한 매각].

② 등기촉탁서에는 매각허가결정 등본을 붙여야 한다.

제52조의2 (등기필증 우편송부신청)

① 매수인은 우편에 의하여 등기필정보를 송부받기 위해서는 등기필정보 우편송부신청서(전산양식 A3429)를 작성하여 등기촉탁신청서와 함께 법 원에 제출하여야 한다.

② 매수인이 수인인 경우에는 매수인 중 1인을 등기필정보 수령인으로 지 정하고, 나머지 매수인들의 위임장 및 인감증명서를 제출하여야 한다.

③ 법원사무관등은 등기촉탁서 오른쪽 상단에 "등기필정보 우편송부신청" 이라는 표시를 하고, 등기촉탁서에 등기필정보 송부용 주소안내문, 송 달통지서와 우표처리송달부를 첨부한다.

④ 법원사무관등은 등기필정보 우편송부신청서, 송달실시기관으로부터 수령한 송달통지서를 기록에 편철하여야 한다.

제53조 (경매기록의 열람·복사)

① 경매절차상의 이해관계인(민사집행법 제90조, 제268조) 외의 사람으로서 경매기록에 대한 열람·복사를 신청할 수 있는 이해관계인의 범위는 다 음과 같다.

1. 파산관재인이 집행당사자가 된 경우의 파산자인 채무자와 소유자

2. 최고가매수신고인과 차순위매수신고인, 매수인, 자기가 적법한 최고 가 매수신고인 또는 차순위매수신고인임을 주장하는 사람으로서 매 수신고 시 제공한 보증을 찾아가지 아니한 매수신고인

3. 민법·상법, 그 밖의 법률에 의하여 우선변제청구권이 있는 배당요구

채권자

4. 대항요건을 구비하지 못한 임차인으로서 현황조사보고서에 표시되어 있는 사람

5. 건물을 매각하는 경우의 그 대지 소유자, 대지를 매각하는 경우의 그 지상 건물 소유자

6. 가압류채권자, 가처분채권자(점유이전금지가처분 채권자를 포함한다)

7. 「부도공공건설임대주택 임차인 보호를 위한 특별법」의 규정에 의하여 부도임대주택의 임차인대표회의 또는 임차인 등으로부터 부도임대주택의 매입을 요청받은 주택매입사업시행자

② 경매기록에 대한 열람·복사를 신청하는 사람은 제1항 각호에 규정된 이해관계인에 해당된다는 사실을 소명하여야 한다. 다만, 이해관계인에 해당한다는 사실이 기록상 분명한 때에는 그러하지 아니하다.

③ 경매기록에 대한 복사청구를 하는 때에는 경매기록 전체에 대한 복사청구를 하여서는 아니 되고 경매기록 중 복사할 부분을 특정하여야 한다.

제54조 (등기촉탁서의 송부방법)

① 경매절차에서 등기촉탁서를 등기소로 송부하는 때에는 민사소송법에 규정된 송달의 방법으로 하여야 한다. 다만, 청사 내의 등기과로 송부할 때에는 법원직원에게 하도록 할 수 있으나, 이 경우에도 이해관계인이나 법무사 등에게 촉탁서를 교부하여 송달하도록 하여서는 아니 된다.

② 매수인과 부동산을 담보로 제공 받으려고 하는 사람이 등기촉탁공동신청 및 지정서[전산양식 A3430]를 제출한 때에는 법원사무관등은 피지정자에게 등기촉탁서 및 피지정자임을 증명할 수 있는 확인서[전산양식 A3431]를 교부하고 피지정자로부터 영수증[전산양식 A3432]을 제출받는다.

③ 등기과(소)에서 촉탁서를 접수할 때에는 제2항의 피지정자임을 증명할
수 있는 확인서를 제출받는다.

제54조의2 (경매개시결정등기촉탁서 작성시 유의사항)
① 부동산가압류채권자가 동일 채권에 기한 집행권원을 얻어 강제경매신
청을 한 때에는 법원사무관등은 경매개시결정등기촉탁서 등기목적란
에 '강제경매개시결정등기(○번 가압류의 본압류로의 이행)'이라고 기재한다.
② 부동산가압류채권자의 승계인이 강제경매를 신청하는 때에도 제1항의
규정을 준용하되, 괄호 안에 '○번 가압류 채권의 승계'라고 기재한다.

제55조 (매수신고 대리인 명단의 작성)
집행관은 매월 5일까지 전월 1개월 간 실시된 매각기일에 매수신청의 대리
를 한 사람의 성명, 주민등록번호, 주소, 직업, 본인과의 관계, 본인의 성명,
주민등록번호, 매수신청 대리를 한 횟수 등을 적은 매수신청대리인 명단(전
산양식 A3370)을 작성하여 법원에 제출하여야 한다.

제56조 (지배인 등이 타인에게 경매배당금 수령을 위임한 경우 대리권 증
명서면)
지배인 또는 이에 준하는 법률상 대리인으로부터 경매배당금 등의 수령을
위임받은 사람은 다음과 같은 서류를 제출하여야 한다.
1. 위임장
2. 법인등기사항증명서(지배인 또는 법률상 대리인에 관한 사항이 나타나야 함)
3. 「상업등기법」 제11조에 따라 발행한 인감증명서

제57조 (전자기록사건에서의 배당실시절차)
채권자가 민사소송등에서의 전자문서 이용 등에 관한 규칙 제44조 제1항

에 따라 집행권원이나 그 집행력 있는 정본(이하 "집행권원 등"이라 한다)을 전자문서로 변환하여 제출한 경우에도 민사집행법 제159조의 배당을 실시할 때에는 채권자에게 집행권원 등을 전자문서가 아닌 본래의 형태로 제출하게 하여야 한다.

제58조 (전자기록사건에서 기계기구목록 등 영구보존문서의 편철)

① 전자소송 동의를 한 부동산경매신청인은 전산정보처리조직에 의하여 등기소에서 영구보존하는 문서 중 도면, 신탁원부, 공동담보목록(공동전세목록을 포함한다), 「공장 및 광업재단 저당법」 제6조에 따른 목록, 공장(광업)재단목록(이하 "영구보존문서"라 한다)을 첨부문서로 제출하는 것에 갈음하여 해당 영구보존문서의 번호를 경매신청서에 기재할 수 있다.

② 부동산경매신청인이 영구보존문서의 번호를 기재하여 경매신청서를 제출한 경우 법원사무관등은 부동산등기시스템으로부터 해당 영구보존문서를 전송받은 후 기록에 편철할 수 있다.

부칙(2016.12.20 제1631호)

이 예규는 2017년 1월 1일부터 시행한다.